GÊNESIS

COMECE CERTO E CONQUISTE O MUNDO

"Somos humanos, atraídos por informações estéticas e grupos de opinião. Entender a real função por trás de tudo nos leva a melhores escolhas, o que traz liberdade e prosperidade na vida pessoal e nos negócios."

Como Gênesis me inspirou a escrever sobre Gestão de Marcas.
BRANDING • MARKETING • EMPREENDEDORISMO

MARCO ANTONIO RIBEIRO

Gênesis: Comece Certo e Conquiste o Mundo, de Marco Antonio Ribeiro, é um livro que explora a importância da gestão de marcas, trazendo uma visão clara sobre como criar e fortalecer sua identidade diante do seu público. Inspirado pelo conceito bíblico de "Gênesis", o autor conduz o leitor por uma jornada que começa com a criação da marca, passando por momentos de crise, ressignificado, sucessão e legado. O livro oferece uma abordagem prática e reflexiva sobre como as marcas podem se diferenciar no mercado, crescer de forma sustentável e conquistar a lealdade do público.

Capa e Editorial
Duânime - Marcas que Inspiram
Tel.: 55 62 9 8239-5779
E-mail: contato@duanime.co

ISBN
978-65-984823-0-5

Dedico esse livro às minhas filhas Júlia e Cecília. Dedico à minha família e amigos, e a todos que fazem parte do meu processo de aprendizado. Por fim, dedico às pessoas que entregam seu tempo à educação e à evolução humana.

Muito prazer, me chamo Marco.

Meu nome é Marco Antonio Ribeiro, sou diretor de criação e designer de marcas. Sou um eterno defensor do design visto como projeto, e em todo projeto, defensor de suas funções.

Aos 13 anos, me formei em Artes Plásticas, mas só algum tempo depois consegui entender o verdadeiro significado daquele curso para mim. Entender o que se passa por trás de toda forma de expressão é o que move qualquer projeto, seja pelo criador ou pelo espectador.

Sei que Gestão de Marcas (ou Branding) parece um assunto complexo, mas na verdade, muito se dá pelo fato da popularização do termo de forma rasa e equivocada. Se muitas pessoas acham que uma marca se resume a um logotipo, posso afirmar que esse universo é muito mais extenso do que se imagina.

Tentar apresentar o assunto de uma forma que prenda a atenção é um grande desafio, e foi por esse propósito que resolvi me inspirar em Gênesis para falar sobre Gestão de Marcas. Não trago verdades absolutas sobre qualquer assunto. São apenas pontos de vista que carrego da minha experiência de mais de 25 anos de trabalho, sempre compreendendo que existem vários caminhos para o mesmo resultado. Cabe a você entender a melhor alternativa para cada situação. Espero que esse livro sirva também ao seu propósito, e que possa te ajudar a prosperar em seus objetivos.

Sumário

Introdução: O que é "Marca"?

Muitas pessoas confundem **marca** com apenas o logotipo ou os elementos visuais de uma empresa, mas a **marca** é muito mais do que isso. Uma marca é **tudo o que uma pessoa (física ou jurídica) representa dentro de um ecossistema** — seja para consumidores, colaboradores, investidores ou parceiros. Ela engloba percepções, emoções, experiências e valores associados a uma empresa, produto ou serviço.

Marca: Muito Além do Logotipo

O logotipo é **um dos elementos** que compõem a marca, mas não **a define por completo**. A marca inclui:

- **Como você é percebido**: O que os consumidores sentem e pensam quando interagem com sua empresa.
- **O que você representa**: O propósito, missão, visão e valores que norteiam suas ações e comunicação.
- **Experiências e relacionamentos**: Toda interação, desde o atendimento ao cliente até o uso dos produtos, contribui para moldar a percepção da marca.
- **O impacto que você causa**: Marcas poderosas não vendem apenas produtos ou serviços, elas criam **conexões emocionais** e transformam a vida das pessoas ou o ambiente em que atuam.

Crie e continue: o Branding e sua etimologia

O termo **brand** tem origem no inglês antigo. Ele vem da palavra **"brandan"**, que significa **"queimar"**, em referência ao ato de marcar gado com ferro quente para sinalizar propriedade.

A adição de **"ing"** ao termo "brand" indica o **movimento contínuo** de **construção, gestão e fortalecimento da marca**. Assim, o **branding** é o conjunto de ações e estratégias usadas para criar e manter uma marca coerente e relevante ao longo do tempo. Isso inclui:

- **Definir a identidade da marca** (visual, verbal e emocional).
- **Gerenciar percepções** e construir relacionamentos com o público.
- **Fidelizar clientes** e criar conexões emocionais duradouras.

Marca e Branding no Ecossistema

Uma **marca** é, portanto, **viva**, sempre em movimento, interagindo com seu ecossistema de diferentes maneiras. Ela reflete **tudo o que uma pessoa (física ou jurídica) representa** para seus consumidores e stakeholders. O **branding** é o processo ativo de manter essa representação coerente e forte, garantindo que a marca se mantenha relevante, autêntica e alinhada às expectativas de seu público.

Em resumo, a marca é a **essência** do que você é e representa, e o branding é o **movimento contínuo** de comunicar e fortalecer essa essência.

E se você colocasse gás no xarope?

Há uns 11 anos atrás, criamos uma campanha publicitária para a Inédita Propaganda. O conceito "Algo simples pode estar a uma ideia de ser genial." falava basicamente sobre diferenciais competitivos. Pegamos algumas marcas e produtos conhecidos e levantamos perguntas para o expectador. Frases como "E se um palhaço vendesse sanduíche?", "E se você colocasse gás no xarope" e "E se você tirasse os botões do celular?" direcionavam o público para uma indagação: Como algo simples se tornou tão marcante na história? O segredo está na diferença!

Caito Maia, dono da **Chilli Beans**, disse em uma entrevista que um dos segredos de uma marca se diferenciar não é inventando algo, mas reinventando. Ele é a prova viva disso. Segundo estudos, os óculos são considerados a 5ª maior invenção da história, e tem como um dos seus primeiros registros, uma pedra verde usada pelo imperador Nero (37-68 d.C.) para refrescar os olhos enquanto acompanhava lutas entre gladiadores. De lá pra cá várias versões do mesmo objeto foram apresentadas, podendo encontrar vários casos dentro do mesmo produto, inclusive o sucesso da marca **Chilli Beans**.

Desde que o mundo é mundo, vemos o surgimento de gênesis dos mais variados tipos, sempre nascendo como o novo a partir do velho. Não que o sucesso de uma marca seja algo simples, mas o primeiro passo é: começar. Está esperando o que para diferenciar e destacar sua marca no mercado?

Gênesis 1: O Início – A Criação da Marca

1. *No início, uma centelha: uma ideia que surge do caos.* Assim como o mundo foi moldado a partir de algo indefinido, uma marca nasce de um lampejo de inspiração, uma faísca que precisa ser nutrida para se transformar em algo concreto. Toda marca tem um ponto de partida, uma gênese. Esse momento inicial, muitas vezes desordenado, é a base para algo maior, mas sem um direcionamento claro, essa centelha pode se perder no vazio.

2. A criação de uma marca não se dá apenas por meio de um nome ou logotipo, mas pela definição de um propósito claro. Marcas como **Apple** não nasceram apenas com uma estética, mas com uma missão. *"Think Different"* nunca foi só um slogan; criado anos depois do surgimento da marca, é uma celebração à promessa de inovação constante. Nesse estágio inicial, definir o **propósito** da marca é fundamental para traçar o caminho a seguir.

3. O propósito de uma marca deve ser o seu "norte". Sem ele, a marca carece de direção. Grandes exemplos de branding mostram que marcas que dominam seus mercados são aquelas que se orientam por um propósito claro, que ressoa com seu público. Simon Sinek, em seu conceito do **Golden Circle**, destaca a importância de começar com o **porquê**: *"As pessoas não compram o que você faz; elas compram o porquê você faz."*

4. Contudo, é fácil cometer erros nesse estágio inicial. A rejeição de clientes fiéis da **Mercedes-Benz** ao **Classe A** evidencia a falta de propósito na introdução de um modelo que se afastava da identidade da marca. Ao lançar um veículo mais acessível, a **Mercedes** não considerou como isso poderia impactar a percepção de luxo e exclusividade que seus consumidores valorizavam. Essa desconexão ressalta que, ao inovar, é crucial manter um alinhamento claro com os valores centrais da marca para não alienar a base de clientes leais.

5. *"E Deus disse: Haja luz!"* E assim a luz trouxe ordem ao caos. Da mesma forma, uma marca deve trazer ordem às ideias. O passo seguinte à criação do propósito é definir sua **visão** e **identidade**. A visão de uma marca é o que vai guiá-la pelos desafios do mercado, sempre mantendo o foco no destino final. A identidade, por outro lado, é a forma como a marca se apresenta ao mundo.

6. A **identidade visual e verbal** de uma marca é a materialização de seus valores. Cores, formas e até o tom de voz compõem a imagem que a marca projeta. Pense na **Coca-Cola**: suas cores e seu estilo verbal são instantaneamente reconhecíveis em qualquer parte do mundo. E isso não é por acaso. A neurociência aplicada ao branding mostra que o uso consistente de elementos visuais e verbais cria conexões emocionais profundas, ativando áreas do cérebro responsáveis pela memória afetiva.

7. As ferramentas do **design thinking** podem ajudar nesse processo. Ao colocar o consumidor no centro das decisões, o design thinking permite que a marca não apenas crie uma identidade forte, mas que esta identidade ressoe com as pessoas certas. O sucesso não vem apenas da criatividade, mas do planejamento estratégico.

8. Assim, criar uma marca é muito mais do que lançar um produto ou serviço. É sobre definir um legado.

"Saiba o porquê e onde quer chegar, e comece a andar."

9. A criação de uma marca é o primeiro passo rumo a uma jornada repleta de desafios, mas também de grandes conquistas. O importante é que, assim como no início de tudo, a centelha inicial seja nutrida com alguns pilares: propósito, missão, visão, valores, objetivos e identidade, para que se transforme em algo realmente grandioso.

É sempre bom saber!

Propósito é o motivo mais profundo pelo qual a marca existe, além do lucro. Ele reflete o impacto positivo que a marca deseja causar no mundo ou na vida das pessoas.

- **Exemplo**: "Promover bem-estar e sustentabilidade através de produtos inovadores que respeitam o meio ambiente."

A **Missão** descreve o que a empresa faz, para quem e como. Ela é mais prática e ligada ao presente, explicando de forma clara as atividades da empresa.

- **Exemplo**: "Fornecer cosméticos veganos de alta qualidade que respeitam o meio ambiente e promovem a saúde dos consumidores."

A **Visão** é o futuro ideal da empresa, aquilo que ela deseja alcançar em longo prazo. É aspiracional e guia o direcionamento estratégico.

- **Exemplo**: "Ser a marca de referência global em cosméticos veganos e sustentáveis."

Valores são os princípios que guiam o comportamento da empresa e de seus colaboradores. Eles são fundamentais para a cultura organizacional e ajudam a construir confiança com os clientes.

- **Exemplo**: "Transparência, inovação, respeito ao meio ambiente e ética."

Design Thinking: É uma abordagem criativa para resolver problemas de forma colaborativa e centrada no ser humano. Ele utiliza processos iterativos e experimentais para encontrar soluções inovadoras.

- **Como funciona**:
    1. **Empatia**: O primeiro passo é entender profundamente o público ou os usuários. Isso é feito por meio de entrevistas, observações e pesquisas para descobrir suas necessidades, desejos e problemas.
    2. **Definição**: Com base no que foi aprendido, o problema é definido de forma clara. Nessa fase, as equipes identificam os desafios que precisam ser solucionados.
    3. **Ideação**: Aqui, ocorre o brainstorming de ideias. Não há limites para a criatividade, e é incentivada a geração de várias soluções possíveis para o problema definido.
    4. **Prototipagem**: Algumas das melhores ideias são transformadas em protótipos simples, modelos ou simulações, para que possam ser testadas rapidamente.
    5. **Teste**: Os protótipos são testados com os usuários para obter feedback. Com base nesse feedback, os protótipos são ajustados ou reformulados, e o processo pode ser repetido até encontrar a melhor solução.

Exemplo: Uma equipe de cosméticos veganos usando **Design Thinking** pode começar conversando com consumidores para entender o que eles valorizam em um produto sustentável. Em seguida, desenham novas embalagens, criam protótipos e testam com um grupo de clientes, refinando o design até chegar a uma solução que atenda às necessidades de sustentabilidade e funcionalidade.

Essa abordagem envolve muita experimentação e feedback constante, garantindo que as soluções sejam realmente eficazes e centradas nas pessoas.

O **Golden Circle**, criado por Simon Sinek, é um modelo que organiza a comunicação das empresas em três níveis: o "porquê", que refere-se ao propósito e motivação da empresa; o "como", que aborda os processos e valores que a diferenciam; e o "o quê", que diz respeito aos produtos ou serviços oferecidos. Focar no "porquê" ajuda as empresas a atrair clientes e criar lealdade, pois as pessoas se conectam emocionalmente com propósitos autênticos.

Gênesis 2: Identidade – A Construção da Imagem

1. *E Deus criou o homem e a mulher à sua imagem e semelhança.* Assim como Adão e Eva foram moldados com uma identidade própria e única, uma marca nasce com a missão de refletir seus valores e essência. Sem uma identidade clara, uma marca é apenas uma sombra, invisível aos olhos de seus consumidores.

2. A **identidade de uma marca** é a sua projeção no mundo. É a soma de sua **imagem visual, verbal e emocional**. Quando uma marca não consegue comunicar sua identidade de forma coerente, cria um abismo entre ela e seu público. Marcas como **Tesla**, com sua personalidade arrojada e inovadora, se destacam por refletirem fielmente os valores de seu fundador.

3. Mas criar uma identidade vai além de um logo ou slogan. O uso de cores, formas e até sons pode influenciar a percepção do público. Marcas como **McDonald's** sabem disso e utilizam símbolos, sons e até aromas consistentes, criando uma experiência imersiva que é reconhecível em qualquer lugar. Esse é o poder de uma identidade bem trabalhada.

4. A **psicologia do consumidor** é uma aliada nesse processo. Pesquisas mostram que o uso de cores e formas certas pode influenciar diretamente a forma como uma marca é percebida. **Daniel Kahneman**, no seu trabalho sobre o comportamento do consumidor, revela que as pessoas tomam decisões em um nível subconsciente, muitas vezes baseadas em estímulos sensoriais. Cores como azul, por exemplo, transmitem confiança, enquanto o vermelho pode estimular a ação.

5. Assim como a **Coca-Cola** utiliza cores e formas para criar uma sensação de nostalgia e felicidade, sua marca deve encontrar os elementos visuais e verbais que conectam emocionalmente com seu público.

"A forma como você se expressa é um processo natural de seleção. Fale a língua de quem precisa ouvir."

6. A identidade de uma marca é muito mais do que seu visual; é o que a diferencia, o que a torna reconhecível e única em um mercado saturado. Sem uma identidade clara, uma marca se perde no ruído. Defina quem você é, e o mundo começará a reconhecer.

É sempre bom saber!

A **Identidade** de uma marca vai além de logotipos e cores; ela é **multissensorial**, envolvendo três principais dimensões:

- **Visual**: Inclui os **elementos gráficos**, como logo, cores, tipografia e design. Essas são as primeiras impressões que a marca causa através da sua aparência.

Exemplo: Um logotipo minimalista em tons de verde, associado a uma marca sustentável.

- **Verbal**: Refere-se ao **tom de voz**, linguagem e as mensagens que a marca utiliza. Esse componente transmite a personalidade da marca através das palavras.

  Exemplo: Uma linguagem amigável e acessível em todos os canais de comunicação da marca.

- **Emocional**: Está relacionado às **sensações** e **emoções** que a marca desperta nas pessoas. É como os consumidores se sentem em relação à marca e se conectam à experiência com os produtos ou serviços.

  Exemplo: Uma marca de cosméticos veganos que desperta sentimentos de bem-estar e consciência ambiental.

A identidade de uma marca é, portanto, uma experiência completa, que envolve o visual, o verbal e o emocional, garantindo que a marca seja percebida de maneira coerente e memorável em todos os pontos de contato com o público.

Psicologia do consumidor é o estudo de como as pessoas tomam decisões de compra e como elas interagem com produtos, marcas e serviços. Ela busca entender os fatores psicológicos que influenciam o comportamento dos consumidores, incluindo motivações, percepções, emoções, e como esses fatores afetam a escolha, uso e satisfação com um produto ou serviço.

Principais Aspectos da Psicologia do Consumidor:

1. **Motivação**: Entender o que impulsiona as pessoas a buscar ou evitar certos produtos. Isso pode envolver necessidades fisiológicas (como fome e sede), mas também motivações emocionais e sociais (como status, autoestima ou pertencimento).
2. **Percepção**: O modo como os consumidores interpretam as informações ao seu redor. Isso inclui como percebem um produto, uma marca ou até mesmo uma propaganda, influenciando diretamente suas escolhas.
3. **Atitudes e Crenças**: As opiniões e sentimentos dos consumidores em relação a produtos, marcas e serviços, que afetam sua predisposição para comprar ou não.
4. **Aprendizagem**: O processo pelo qual os consumidores adquirem conhecimento e experiências que influenciam comportamentos futuros de compra.
5. **Tomada de Decisão**: Envolve o processo que os consumidores passam desde a identificação de uma necessidade até a escolha e compra de um produto ou serviço.
6. **Influências Sociais**: O comportamento de compra também pode ser influenciado por fatores como cultura, família, amigos, status social e grupos de referência.

Empresas e profissionais de marketing utilizam a psicologia do consumidor para criar estratégias mais eficazes, desenvolvendo produtos e campanhas que se conectem diretamente com as necessidades, desejos e comportamentos do público-alvo. Por exemplo, ao entender os **gatilhos mentais** (como urgência e escassez), eles podem influenciar as decisões de compra, aumentando o engajamento e as vendas.

A psicologia do consumidor é crucial para construir **conexões emocionais** entre marcas e consumidores, promovendo lealdade e influenciando positivamente a percepção de valor.

Gênesis 3: A Queda – Gestão de Crises da Marca

1. *E então veio a serpente, e com ela, a queda.* Todo império, por maior que seja, está suscetível a crises. E na jornada de uma marca, o erro é inevitável. A questão não é se a crise vai surgir, mas como a marca vai reagir quando isso acontecer. Más escolhas podem abalar a confiança, mas uma resposta inteligente pode redimir até os erros mais graves.

2. Marcas que enfrentam crises — sejam elas internas ou externas — precisam de uma resposta rápida e eficiente para conter o impacto. O escândalo de emissões da **Volkswagen**, conhecido também como ***Dieselgate***, é um exemplo de como uma crise pode rapidamente destruir a reputação de uma marca construída ao longo de décadas.

3. Quando uma marca falha em responder adequadamente, as consequências podem ser devastadoras. Durante o desastre ambiental no Golfo do México, a falta de transparência do grupo **Volkswagen** agravou ainda mais a situação, resultando em perda de credibilidade e confiança. Em tempos de crise, as expectativas do público aumentam exponencialmente, exigindo transparência total e uma reação imediata.

4. *"A serpente enganou Eva, e ela comeu do fruto proibido."* A tentação de ignorar os sinais de alerta é grande, mas no branding, a reação rápida e bem planejada é a chave para a sobrevivência.

Marcas que enfrentam crises de frente, com clareza e honestidade, conseguem não apenas se redimir, mas muitas vezes sair mais fortes.

5. A **Tylenol** é um exemplo emblemático de boa gestão de crises. Após os casos de envenenamento de seus produtos nos anos 80, a **Johnson & Johnson** (empresa detentora da marca Tylenol) agiu rapidamente, retirando milhões de unidades das prateleiras, demonstrando compromisso com a segurança do consumidor. Ao priorizar o bem-estar do público, a marca reconstruiu sua confiança e permaneceu relevante.

6. A **neurociência aplicada à gestão de crises** revela que respostas emocionais rápidas e autênticas criam uma conexão de empatia com o consumidor, ajudando a mitigar os danos. Em momentos de crise, as emoções estão à flor da pele, e o cérebro humano reage melhor à transparência e ao senso de urgência.

"Más escolhas podem derrubar impérios. A forma como você reage pode salvá-los."

7. A gestão de crises é uma oportunidade para testar a verdadeira força de uma marca. Em tempos de crise, a confiança pode ser perdida em segundos, mas também pode ser reconquistada com transparência, empatia e ação decisiva. Como no Éden, a queda nem sempre é o fim, mas pode ser o começo de uma nova oportunidade de redenção.

É sempre bom saber!

A **neurociência aplicada à gestão de crises** oferece insights sobre como o cérebro humano responde em situações de estresse, permitindo que empresas e líderes adotem estratégias mais eficazes para lidar com crises. Quando uma crise ocorre, as pessoas tendem a sentir medo, incerteza e raiva, e o cérebro reage com base nas emoções. A maneira como uma empresa se comunica e responde durante esses momentos pode influenciar profundamente a percepção pública e a reconstrução da confiança.

Como a **neurociência** explica as respostas em crises:

1. **Respostas emocionais rápidas e autênticas:**
   - O cérebro humano é altamente sensível à autenticidade e à emoção. Durante uma crise, uma resposta rápida que demonstre empatia e preocupação ativa áreas do cérebro responsáveis pela confiança e pelo vínculo emocional.
   - Quando a resposta da empresa é genuína e focada nas emoções do público, há uma maior chance de criar uma conexão empática, o que ajuda a mitigar os danos à reputação e a evitar uma reação negativa.
2. **Transparência e senso de urgência:**
   - A neurociência mostra que, em momentos de incerteza, o cérebro anseia por clareza e informações rápidas. O córtex pré-frontal, responsável pelo raciocínio lógico, está menos ativo em situações de estresse, enquanto o sistema límbico (onde as emoções dominam) está altamente sensível.
   - Uma empresa que age rapidamente e de forma transparente atende a essa necessidade emocional de segurança e previsibilidade, acalmando o público e diminuindo as reações negativas impulsivas.
3. **Empatia e regulação emocional:**

- Demonstrar empatia e adotar uma postura colaborativa ativa regiões do cérebro ligadas à regulação emocional. Isso ajuda a reequilibrar a reação do consumidor, que pode passar da frustração para a compreensão quando percebe que a empresa se importa e está fazendo o melhor para resolver a situação.

Aplicação na Gestão de Crises:

- Ações imediatas e transparência ativam respostas cerebrais ligadas à segurança e confiança.
- Mensagens empáticas ativam os sistemas emocionais do cérebro, o que gera uma identificação com a marca e ameniza a percepção negativa.
- Tomar responsabilidade e mostrar clareza sobre os próximos passos ativa áreas do cérebro associadas ao planejamento e à expectativa, ajudando o público a sentir controle e confiança.

A **neurociência aplicada à gestão de crises**, portanto, revela que respostas rápidas, emocionais e autênticas são essenciais para criar empatia e mitigar os danos durante crises.

Gênesis 4: O Conflito – A Competição de Mercado

1. *Caim e Abel, irmãos de sangue, separados pela inveja e competição.* No mundo das marcas, a competição é inevitável. Estar no mercado é se colocar em posição de disputa, e como as marcas reagem a essa concorrência define sua sobrevivência. A competição pode ser feroz, mas também pode ser uma oportunidade de crescimento.

2. O mundo dos negócios está repleto de disputas por território, e as marcas precisam estar sempre prontas para enfrentar os desafios impostos pelos concorrentes. **Apple** e **Microsoft** protagonizaram uma das rivalidades mais conhecidas da história do branding, mas essa competição impulsionou a inovação de ambas as empresas.

3. A competição não se resume a quem tem o melhor produto, mas quem entende melhor o mercado. As marcas que prosperam são aquelas que analisam seus concorrentes não apenas para imitá-los, mas para encontrar suas fraquezas e preencher as lacunas que eles deixam.

4. *"Caim se levantou contra Abel e o matou."* Mas o verdadeiro desafio no branding não é destruir a concorrência, mas superar-se continuamente. Quando a marca tem um posicionamento claro e diferenciado, ela ganha espaço no mercado, mesmo em cenários competitivos.

5. Tesla, por exemplo, não surgiu como a primeira montadora de veículos elétricos, mas rapidamente se destacou com uma proposta clara de inovação e sustentabilidade. **Elon Musk** construiu sua marca em torno de uma promessa que ressoava com o futuro da mobilidade, transformando concorrentes em coadjuvantes.

6. O **design thinking** é uma ferramenta poderosa para identificar pontos de diferenciação, colocando o consumidor no centro das decisões e gerando soluções inovadoras que se destacam no mercado saturado.

"Construa estradas com as pedras que encontrar."

7. A competição é inevitável, mas as marcas que veem a concorrência como uma oportunidade de crescimento e aprimoramento são as que triunfam. Não se trata apenas de competir, mas de superar-se a cada passo, buscando inovações que agreguem valor ao mercado e, principalmente, ao consumidor. Quer um exemplo? Já notou que normalmente as farmácias de uma região ficam sempre muito próximas, até mesmo na mesma rua? Chamamos esse fenômeno de **Efeito de Aglomeração**, onde a proximidade geográfica entre concorrentes beneficia todos os envolvidos, aumentando o fluxo de consumidores. Em setores como o varejo, farmácias ou restaurantes, a conveniência da comparação rápida entre opções atrai mais consumidores. Esse conceito é conhecido por gerar crescimento tanto para as empresas quanto para o mercado em si. Michael Porter, em seu livro *As Vantagens Competitivas das Nações*, destaca como a concorrência localizada e concentrada incentiva as empresas a melhorar constantemente, criando um ambiente propício para inovação e eficiência. A competição bem administrada se transforma em um fator de motivação, enquanto a má gestão pode levar à destruição da própria marca.

Gênesis 5: O Legado – Planejamento de Sucessão

1. *E gerou Adão filhos e filhas, e suas gerações perpetuaram seu legado.* Toda marca nasce com a esperança de durar por gerações. No entanto, para garantir sua longevidade, é preciso planejar desde o início como o legado será passado adiante. Uma marca forte não é aquela que brilha por um momento, mas aquela que deixa uma marca duradoura.

2. Planejar a sucessão de uma marca é pensar em seu futuro. Não basta apenas existir no presente, é preciso garantir que a marca sobreviva e prospere nas gerações seguintes. O erro de muitas empresas é não pensar no legado desde o início, levando a um enfraquecimento ao longo do tempo.

3. Grandes marcas, como **Disney**, construíram seu legado através de gerações, sempre se reinventando e passando seus valores essenciais para cada nova fase. **Walt Disney** deixou um plano claro para sua empresa, o que permitiu que ela continuasse prosperando mesmo após sua morte.

4. *"E as gerações de Adão se multiplicaram e encheram a terra."* Assim como uma família precisa de uma linhagem bem definida, uma marca precisa de uma sucessão bem planejada. Isso envolve a preservação dos valores essenciais, mas também a flexibilidade para se adaptar às mudanças do mercado.

5. Nike é outro bom exemplo de marca que soube criar um legado. A marca passou de um simples fabricante de calçados esportivos para um símbolo global de inovação e estilo de vida, sem nunca perder sua essência. A sucessão bem planejada de liderança e visão foi o que permitiu que a marca permanecesse forte ao longo dos anos.

6. Ferramentas como o **brand management** e o **storytelling** são essenciais para manter o legado vivo. Enquanto o primeiro cuida da gestão estratégica da marca, o segundo garante que as histórias e valores sejam passados adiante, conectando-se emocionalmente com cada nova geração de consumidores.

"O legado de uma marca não é apenas o que ela faz, mas o que ela inspira."

7. Para que uma marca seja eterna, ela precisa de um plano claro de sucessão e de uma visão que vá além do presente. O legado é construído com decisões estratégicas, mas também com emoção e propósito, que se perpetuam nas gerações seguintes.

É sempre bom saber!

Brand Management (Gestão de Marcas) refere-se à gestão estratégica da marca, que envolve o desenvolvimento, manutenção e controle da identidade, reputação e percepção da marca ao longo do tempo. O objetivo é garantir que a marca permaneça relevante, consistente e atraente para o público-alvo, criando uma conexão emocional e aumentando a lealdade do consumidor.

Principais atividades de Brand Management incluem:

- Definição e proteção dos ativos da marca, como o logotipo, os slogans, a missão e os valores.
- Monitoramento da percepção pública, garantindo que a marca mantenha uma imagem positiva e que corresponda às expectativas dos consumidores.
- Adaptação às mudanças no mercado, atualizando a marca conforme necessário, sem perder sua essência.

Em resumo, o **Brand Management** é responsável por manter o legado vivo e assegurar que a marca seja relevante e competitiva em um ambiente em constante evolução.

Storytelling é a arte de contar histórias de forma envolvente, criando conexões emocionais com o público. No contexto de branding, storytelling é usado para transmitir os valores, a missão e a identidade da marca por meio de narrativas que ressoam com os consumidores em um nível emocional e pessoal.

O **Storytelling** ajuda a:

- Humanizar a marca, fazendo com que o público se identifique com ela.
- Transmitir valores e propósitos de forma mais cativante, ao invés de apenas usar argumentos racionais.
- Construir uma narrativa duradoura, que se adapta e evolui ao longo do tempo, criando uma história que se conecta com cada nova geração de consumidores.

Em essência, o **Storytelling** garante que a história e os valores da marca sejam passados adiante, mantendo-se relevantes e inspiradores.

Ambas as ferramentas - **Brand Management** e **Storytelling** - são essenciais para garantir que a marca não só sobreviva, mas prospere, conectando-se emocionalmente e estrategicamente com o público.

Gênesis 6: A Preparação – Estratégia para o Rebranding

1. *E Deus disse a Noé: "Construa uma arca".* Toda marca, em algum momento, precisa se renovar para enfrentar novos desafios. O rebranding é como construir uma arca: uma tarefa estratégica, que exige preparação e visão para garantir que a marca navegue por águas turbulentas e emergentes.

2. O rebranding não é apenas uma questão estética; é uma renovação estratégica da marca para torná-la mais relevante para o contexto atual. Empresas como **Burberry** e **Airbnb** passaram por rebrandings bem-sucedidos que modernizaram sua imagem sem perder a essência, ao passo que marcas que ignoram essa necessidade correm o risco de se tornarem irrelevantes.

3. A preparação para o rebranding deve começar com uma análise profunda do mercado, da concorrência e, principalmente, dos consumidores. Um exemplo de erro estratégico foi o lançamento da **Coca-Cola Life**, que, ao apostar em ingredientes naturais e adoçante à base de stevia, tentou se posicionar como uma opção mais saudável. No entanto, o produto não conseguiu alinhar-se às expectativas do público, resultando em vendas decepcionantes e sua eventual retirada do mercado. Esse caso mostra como a falta de uma conexão genuína com os consumidores pode comprometer uma estratégia.

4. *"Construa uma arca para salvar o que é essencial."* No rebranding, o desafio é equilibrar a preservação da essência da marca com as mudanças necessárias para se adaptar aos novos tempos. Marcas que tentam se reinventar sem um propósito claro, ou que se distanciam demais de sua identidade original, geralmente falham.

5. Apple é um exemplo de marca que, ao passar por seu rebranding nos anos 90, conseguiu preservar sua essência inovadora enquanto renovava sua imagem, posicionando-se como uma marca moderna e icônica. Steve Jobs trouxe simplicidade e clareza de volta ao design e ao propósito da empresa.

6. As ferramentas do **design thinking** podem ajudar nesse processo, orientando as decisões de branding com base na experiência e nas necessidades do consumidor, garantindo que a marca continue a ressoar com seu público.

"Rebranding é uma nova promessa. Cumpra."

7. O rebranding, quando bem feito, é uma oportunidade para revigorar a marca, fortalecer sua posição no mercado e garantir sua longevidade. No entanto, deve ser uma mudança estratégica, ancorada em propósito e direcionamento claro.

Gênesis 7: A Transformação – Implementação do Rebranding

1. *E veio o dilúvio, e transformou a terra.* Assim como o mundo foi transformado pela água, o processo de rebranding altera a identidade de uma marca, redefinindo sua imagem, valores e percepção no mercado. Mas a implementação do rebranding é a parte mais delicada do processo, onde tudo pode ser feito ou desfeito.

2. Essa implementação deve ser feita com cuidado, consistência e planejamento. Sem isso, o risco de confundir o público ou perder a confiança dos consumidores é alto. O exemplo do suco **Tropicana**, que tentou mudar drasticamente sua identidade visual sem preparar o público, resultou em uma reação negativa que obrigou a marca a voltar ao design anterior.

3. A consistência na comunicação é essencial durante esse processo. O lançamento de um rebranding exige um alinhamento completo entre todos os pontos de contato da marca — do design do produto às campanhas publicitárias. O fracasso da **Gap**, ao tentar mudar seu logotipo sem preparar o mercado, é um lembrete de como uma implementação mal feita pode prejudicar a marca.

4. *"E a arca navegou pelas águas, intacta em sua essência."* Um rebranding bem-sucedido preserva o que é essencial na marca, enquanto transforma o que é necessário para se manter relevante. A

Burberry, ao revitalizar sua imagem, manteve elementos clássicos de seu design, ao mesmo tempo em que modernizou sua estética.

5. A chave para a implementação está em uma transição suave, planejada com antecedência e executada com precisão. A **neurociência do comportamento do consumidor** revela que mudanças muito bruscas podem causar rejeição. Portanto, é importante criar uma narrativa que explique ao público o motivo e os benefícios da mudança.

6. O uso de **pesquisa de mercado** durante a implementação do rebranding também é crucial para monitorar a percepção do público e fazer ajustes quando necessário.

"A evolução da marca é uma regra. Tratá-la como parte do processo evita a necessidade de grandes mudanças."

7. A transformação de uma marca é um processo contínuo. O rebranding deve ser visto como uma fase de adaptação, não como um rompimento. Quando feito de forma coerente, fortalece a identidade e amplia as possibilidades futuras.

É sempre bom saber!

A **neurociência do comportamento do consumidor** estuda como o cérebro processa informações e toma decisões de compra, analisando aspectos emocionais e subconscientes que influenciam esse comportamento.

Principais aspectos:

1. **Tomada de Decisão Emocional**: As emoções têm um papel central nas escolhas de consumo, com o cérebro respondendo mais rapidamente a estímulos emocionais do que racionais.
2. **Princípio da Recompensa**: A compra ativa o sistema de recompensa do cérebro, liberando dopamina, o que cria uma sensação de prazer associada ao ato de consumir.
3. **Influência do Subconsciente**: Estímulos sensoriais como cores, sons e cheiros afetam as decisões do consumidor de forma inconsciente, moldando suas preferências.
4. **Neuromarketing**: Utiliza ferramentas de neurociência para entender como os consumidores reagem a produtos e campanhas, permitindo otimizar estratégias de marketing.
5. **Memória e Associação de Marca**: O cérebro cria associações com marcas, e aquelas que conseguem gerar associações positivas são mais facilmente lembradas e escolhidas.

A **pesquisa de mercado** é um conjunto de técnicas e métodos utilizados para coletar, analisar e interpretar informações sobre um mercado específico, incluindo dados sobre consumidores, concorrentes e o ambiente de negócios. O objetivo principal é entender as necessidades e preferências dos consumidores, identificar oportunidades e desafios e orientar decisões estratégicas de marketing e negócios.

Tipos de Pesquisa de Mercado:

1. **Pesquisa Quantitativa**:
   - Envolve a coleta de dados numéricos que podem ser analisados estatisticamente. Geralmente é feita por meio de questionários, enquetes e entrevistas estruturadas.
   - Permite obter informações sobre comportamentos, opiniões e características demográficas de um grande número de pessoas.

2. **Pesquisa Qualitativa**:
   - Foca em entender comportamentos, atitudes e motivações por meio de entrevistas em profundidade, grupos focais (focus groups) e observações.
   - Fornece insights mais profundos sobre as percepções e emoções dos consumidores, ajudando a explicar o "porquê" por trás dos dados quantitativos.

Gênesis 8: A Nova Fase – Fortalecimento da Nova Identidade

1. *E as águas se dissiparam, e a terra surgiu renovada.* Após a tempestade do rebranding, o fortalecimento da nova identidade é a fase crucial para consolidar a transformação da marca. É nesse momento que a marca precisa reafirmar sua nova proposta e conquistar novamente a confiança de seu público.

2. A consolidação da nova identidade envolve consistência e continuidade. O erro de muitas marcas é pensar que o processo de rebranding termina com a mudança de imagem. Na verdade, o rebranding é apenas o começo de um trabalho de longo prazo para reforçar e solidificar a nova identidade da marca.

3. A marca precisa comunicar claramente sua nova proposta em todos os pontos de contato. **Olivetti**, uma marca famosa por suas máquinas de escrever, falhou ao tentar migrar para o mundo digital, pois não conseguiu comunicar efetivamente sua nova proposta e perdeu relevância.

4. *"E Noé ofereceu um sacrifício de gratidão."* Assim como Noé reafirmou sua aliança com o futuro, uma marca, após o rebranding, precisa reafirmar sua nova identidade constantemente. A **MasterCard**, ao mudar seu logotipo, manteve uma comunicação consistente com seus consumidores, garantindo que a mudança fosse bem aceita e rapidamente reconhecida.

5. O fortalecimento da nova identidade depende de consistência. Cada ação da marca, desde a comunicação até a experiência do cliente, deve estar alinhada com a nova proposta de valor. A marca deve se certificar de que sua essência continua clara e coerente, independentemente das mudanças externas.

6. Ferramentas como o **branding estratégico** e o **content marketing** podem ajudar a fortalecer a nova identidade da marca, reforçando os valores e a mensagem em cada interação com o público.

"Somos humanos, atraídos por informações estéticas e grupos de opinião. Entender a real função por trás de tudo nos leva a melhores escolhas, o que traz liberdade e prosperidade na vida pessoal e nos negócios."

7. O fortalecimento da nova identidade é um processo de longo prazo. A marca precisa manter-se fiel à sua nova proposta e garantir que cada ponto de contato reforça os valores e a essência que a define. É assim que a confiança é reconquistada e a nova fase da marca se consolida.

É sempre bom saber!

Content marketing (marketing de conteúdo) é uma abordagem de marketing que se concentra na criação e distribuição de conteúdo valioso e relevante para atrair e engajar um público-alvo específico. O objetivo é estabelecer a marca como uma autoridade em seu setor, gerar leads e cultivar relacionamentos com os consumidores. Elementos principais incluem:

- **Criação de Conteúdo:** Produção de artigos, vídeos, infográficos, e-books e outros formatos que educam e informam o público.
- **Distribuição:** Compartilhamento do conteúdo através de canais como redes sociais, e-mail e sites.
- **Engajamento:** Fomentar a interação e o diálogo com o público para construir uma comunidade em torno da marca.

Em resumo, o **branding estratégico** estabelece a base da marca e sua posição no mercado, enquanto o **content marketing** é uma tática que utiliza conteúdo para construir relacionamentos e engajar consumidores. Ambos são essenciais para o sucesso de uma marca a longo prazo.

Gênesis 9: A Aliança – Parcerias Estratégicas

1. *E Deus fez uma aliança com Noé e seus descendentes.* No mundo das marcas, alianças estratégicas podem ser o diferencial entre sobreviver ou crescer em um mercado competitivo. Parcerias bem planejadas multiplicam os horizontes e ampliam as possibilidades de uma marca.

2. As parcerias estratégicas permitem que marcas acessem novos mercados, compartilhem recursos e fortaleçam suas ofertas. A **Nike**, por exemplo, firmou parcerias com atletas de renome para fortalecer sua imagem e aumentar sua autoridade no mercado esportivo.

3. No entanto, alianças mal planejadas podem enfraquecer uma marca. A parceria fracassada entre **Uber** e **WeWork** demonstrou que a falta de sinergia entre marcas pode gerar mais problemas do que benefícios, prejudicando a reputação de ambas.

4. *"Estabelecerei a minha aliança com vocês, e ela será para sempre."* Alianças bem-sucedidas são aquelas que agregam valor mútuo. A parceria entre **Starbucks** e **Spotify** trouxe benefícios para ambas as marcas, ao combinar a experiência do cliente de forma inovadora.

5. O segredo está em encontrar parceiros que compartilhem dos mesmos valores e que complementem a oferta da marca. As parcerias estratégicas não devem ser apenas uma troca de recursos, mas uma aliança que fortaleça a visão e a missão de ambas as partes.

"Parcerias devem refletir a essência da marca. Multiplique seu tom de voz, falando a mesma língua."

6. As parcerias estratégicas, quando bem feitas, são uma forma poderosa de ampliação de mercado e fortalecimento da marca. Elas criam uma sinergia que beneficia a todos os envolvidos, reforçando a identidade e a proposta de valor.

Gênesis 10: Expansão – Gestão de Expectativas do Cliente

1. *E os descendentes de Noé se espalharam pela terra, formando novas nações.* Da mesma forma que as civilizações se expandem, as marcas crescem e se diversificam. No entanto, a expansão traz consigo a necessidade de gerenciar expectativas. À medida que uma marca se torna mais complexa, ela também precisa equilibrar o que promete e o que entrega.

2. Quando uma marca começa a se expandir para novos mercados ou a lançar novos produtos, surgem desafios relacionados à gestão de expectativas. O público pode ter uma visão pré-estabelecida da marca, e qualquer mudança pode gerar desconforto ou até resistência. **Tesla**, ao entrar no segmento de carros elétricos de luxo, precisou alinhar sua promessa de inovação com a realidade de um produto acessível e funcional.

3. A expansão também envolve gerenciar a percepção de qualidade e valor. Muitas marcas perdem a confiança de seus consumidores ao prometer demais e entregar de menos. A **Samsung** enfrentou esse dilema com o lançamento do Galaxy Note 7, cujos problemas técnicos afetaram a imagem de qualidade que a marca havia construído.

4. *"E cada povo se espalhou conforme sua língua e seu território."* Assim como as nações devem compreender suas próprias línguas e culturas, uma marca que se expande deve entender as necessidades de cada novo mercado e ajustar suas promessas de acordo. Gerenciar expectativas é garantir que o consumidor receba o que foi prometido — e, se possível, um pouco mais.

5. A **Disney**, ao expandir para mercados internacionais, entendeu a importância de adaptar sua experiência para diferentes culturas, sem perder a essência que define a marca. Esse ajuste cuidadoso garantiu que a expansão fosse bem recebida em cada novo território.

6. Ferramentas como o **customer relationship management (CRM)** permitem que as marcas personalizem suas interações com os consumidores, mantendo uma comunicação clara e ajustada às expectativas de cada cliente.

"Alinhe expectativas e entregue mais do que prometeu."

7. A expansão de uma marca é um momento crítico que exige transparência e realismo. Prometer menos e entregar mais é a chave para manter a confiança dos consumidores e garantir que a marca prospere à medida que se expande.

É sempre bom saber!

Customer Relationship Management (CRM) é uma estratégia e conjunto de ferramentas que ajudam empresas a gerenciar interações com clientes, visando melhorar relacionamentos, aumentar a satisfação e impulsionar vendas.

Principais Elementos do CRM:

- **Centralização de Dados:** Armazena informações dos clientes em uma única plataforma.
- **Automação de Processos:** Facilita tarefas rotineiras, como envio de e-mails e agendamentos.
- **Segmentação de Clientes:** Permite campanhas de marketing direcionadas.
- **Análise de Desempenho:** Fornece relatórios para monitorar vendas e tendências.
- **Melhoria no Atendimento:** Acesso rápido às informações promove um atendimento mais personalizado.

Benefícios:

- Aumenta a lealdade do cliente.
- Melhora a eficiência operacional.
- Ajuda na tomada de decisões informadas.

Em suma, o **CRM** fortalece o relacionamento com os clientes, utilizando tecnologia e dados para otimizar interações e personalizar experiências.

Gênesis 11: Torre de Babel – Comunicação Consistente

1. *E os homens disseram: "Vamos construir uma torre que alcance os céus."* A comunicação é como a torre de uma marca. Ela deve ser sólida, clara e coesa, caso contrário, desmorona. No branding, comunicar de forma consistente é o que garante que a mensagem da marca seja compreendida em todos os níveis.

2. O grande desafio para muitas marcas é manter uma comunicação unificada enquanto crescem e se diversificam. A falta de alinhamento nas mensagens pode causar confusão e até desconfiança entre os consumidores.

3. A falta de consistência é um dos maiores fatores de fracasso na comunicação de marcas. O rebranding da **Pepsi** em 2009, que custou milhões de dólares, foi amplamente criticado por não ter uma conexão clara com o histórico visual da marca, confundindo tanto consumidores quanto profissionais de design.

4. *"E sua linguagem se confundiu, e não puderam mais se entender."* Quando a comunicação de uma marca se fragmenta, a confusão toma conta. A consistência é a chave para que uma marca seja compreendida e reconhecida em qualquer contexto. A **Apple**, conhecida por sua comunicação simples e direta, mantém uma coesão em cada campanha, do design minimalista aos slogans curtos e eficazes.

5. Ferramentas como o **manual de identidade visual** são essenciais para garantir que cada elemento de comunicação, desde o logotipo até o tom de voz, esteja alinhado com a proposta central da marca. Um guia bem definido evita desvios e mantém a identidade intacta, mesmo em campanhas diferenciadas.

"A forma como você se comunica pode construir ou destruir."

6. A comunicação consistente é um dos maiores ativos de uma marca. Se bem trabalhada, ela constrói confiança, engajamento e lealdade. Se negligenciada, pode levar à fragmentação e ao colapso da percepção da marca.

É sempre bom saber!

Um **manual de identidade visual** é um documento que estabelece diretrizes para a aplicação consistente da identidade de uma marca, mesmo em campanhas diferenciadas. Inclui regras sobre logotipo, cores, tipografia e tom de voz.

Principais funcionalidades:

- **Coerência visual:** Mantém uma aparência uniforme em todos os materiais de comunicação.
- **Orientações práticas:** Exemplos de aplicação em diferentes contextos.
- **Evita desvios:** Impede uso inadequado dos elementos da marca.

Gênesis 12: O Chamado – A Definição de Missão e Visão

1. *E Deus chamou Abraão e lhe deu uma visão: uma terra prometida.* Toda marca precisa de uma visão clara para guiar suas ações e decisões. Definir a missão e a visão de uma marca é como traçar o caminho para a terra prometida — é o que orienta todas as estratégias e inspira tanto a equipe quanto os consumidores.

2. A missão e a visão de uma marca são os pilares que sustentam sua existência. Sem elas, a marca vagueia sem propósito, incapaz de inspirar e se conectar emocionalmente com seu público.

3. Muitas marcas falham ao definir uma visão genérica ou vaga. Sem uma missão clara, o público tem dificuldade em se conectar com a proposta da empresa. A tentativa da **WeWork** de se reposicionar como uma marca de "estilo de vida", além de ser um provedor de escritórios, confundiu sua missão e resultou em perda de credibilidade.

4. *"Levanta-te e vai para a terra que te mostrarei."* Assim como Abraão seguiu uma visão clara e inspiradora, as marcas precisam de um objetivo elevado que as motive a avançar. **Nike**, com seu famoso slogan "Just Do It", construiu uma visão que vai além de vender produtos esportivos - é uma visão que inspira pessoas a superarem limites.

5. A definição de uma visão clara começa com o entendimento profundo dos valores da marca e do impacto que ela deseja ter no mundo. Utilizar ferramentas como o **Golden Circle** de Simon Sinek ajuda as marcas a definir seu "porquê" e a estruturar suas estratégias em torno dele.

"Uma marca sem visão é uma marca sem direção."

6. A missão e a visão são a bússola que orienta todas as decisões da marca. Elas não devem ser apenas palavras bonitas em um site corporativo, mas princípios que guiam o comportamento e as ações da empresa. Uma visão forte inspira e motiva tanto a equipe quanto os consumidores.

Gênesis 13: A Separação – Expansão para Novos Mercados

1. *E Abraão e Ló se separaram, cada um seguindo seu caminho.* No mundo dos negócios, chega um momento em que uma marca deve se "separar" de suas origens e expandir para novos mercados. Essa separação é essencial para o crescimento, mas deve ser feita com cautela e planejamento.

2. Expandir para novos mercados envolve uma série de desafios, desde a adaptação cultural até a logística de atender a uma nova base de consumidores. A **Coca-Cola**, ao entrar em novos mercados, sempre se preocupou em ajustar sua mensagem às culturas locais, sem perder sua identidade global.

3. No entanto, a expansão mal planejada pode ser desastrosa. A entrada mal-sucedida da **Target**, empresa de varejo norte-americana, no mercado canadense é um exemplo de como a falta de preparação pode resultar em um fracasso. A empresa não conseguiu se adaptar ao novo mercado e acabou retirando suas operações após poucos anos.

4. *"E Ló escolheu o vale do Jordão, e Abraão ficou nas terras de Canaã."* Assim como Abraão e Ló precisaram escolher caminhos diferentes para crescer, as marcas devem tomar decisões estratégicas para se expandir com sucesso. **Starbucks**, por exemplo, ao entrar no mercado asiático, fez ajustes significativos em sua oferta de produtos e ambiente, adaptando-se às preferências locais enquanto mantinha sua essência.

5. Ferramentas como **análise de mercado** e **estudos culturais** são cruciais para garantir que a marca compreenda as nuances do novo mercado e possa ajustar sua estratégia de acordo com as necessidades e expectativas locais.

"O verdadeiro crescimento é aquele que beneficia a marca e o mundo ao seu redor"

6. A expansão de uma marca para novos mercados exige planejamento e flexibilidade. O sucesso vem da capacidade de se adaptar ao novo sem perder a essência do que torna a marca única.

É sempre bom saber!

Análise de mercado é o processo de coleta e interpretação de dados sobre um mercado específico, incluindo informações sobre consumidores, concorrentes, tendências e condições econômicas. Essa análise ajuda as empresas a identificar oportunidades, entender a demanda e desenvolver estratégias eficazes para se posicionar no mercado.

Estudos culturais envolvem a investigação das práticas, valores e comportamentos de diferentes grupos culturais. Esses estudos ajudam as marcas a entender as nuances que influenciam o consumo e a comunicação, permitindo uma adaptação mais eficaz às preferências locais e uma melhor conexão com os consumidores.

Gênesis 14: A Batalha – Posicionamento Competitivo

1. *E houve uma grande batalha entre os reis da região.* No mundo dos negócios, o posicionamento de uma marca é como se preparar para uma batalha. Cada movimento é estratégico, e as marcas que não se posicionam de forma clara e precisa ficam vulneráveis ao ataque da concorrência.

2. O posicionamento competitivo define como uma marca é percebida em relação aos seus concorrentes. Marcas que conseguem se diferenciar no mercado não competem apenas por preço, mas pela percepção de valor. **Apple** e **Samsung**, por exemplo, adotaram estratégias de posicionamento que vão além dos produtos: ambas criaram ecossistemas de tecnologia que geram lealdade e uma base sólida de consumidores.

3. No entanto, marcas que falham em definir seu posicionamento enfrentam batalhas constantes por relevância. A crise do **BlackBerry**, que não conseguiu acompanhar a mudança de percepção sobre smartphones, mostrou como a falta de reposicionamento pode tirar uma marca da competição.

4. *"E Abraão armou seu exército e partiu para resgatar seu sobrinho Ló."* Assim como na batalha, uma marca precisa de uma estratégia clara e bem planejada para se posicionar no mercado. O posicionamento envolve não só definir seu público-alvo, mas também se destacar em um mercado saturado com uma mensagem única.

5. Ferramentas como a **análise SWOT** (forças, fraquezas, oportunidades e ameaças) podem ajudar a identificar os pontos de diferenciação e a mapear o terreno competitivo. Além disso, o **design thinking** pode ser aplicado para entender as necessidades dos consumidores e criar soluções inovadoras que façam a marca se destacar.

"Encontre seu espaço e defenda-o com estratégia."

6. O posicionamento é o coração da estratégia de uma marca. Para vencer as batalhas no mercado, é preciso mais do que oferecer um produto: é preciso ocupar um espaço na mente do consumidor, criando uma percepção de valor que vai além do preço.

É sempre bom saber!

A **análise SWOT** é uma ferramenta de planejamento estratégico que ajuda as empresas a avaliar suas forças, fraquezas, oportunidades e ameaças.

- **Forças:** Características internas que dão vantagem competitiva, como recursos, habilidades ou reputação.
- **Fraquezas:** Limitações internas que podem prejudicar o desempenho, como falta de recursos ou habilidades específicas.
- **Oportunidades**: Fatores externos que a empresa pode explorar para crescer, como novas tendências de mercado ou mudanças na legislação.

- **Ameaças:** Fatores externos que podem impactar negativamente o negócio, como concorrência crescente ou crises econômicas.

A **análise SWOT** fornece uma visão abrangente da posição da empresa, ajudando na formulação de estratégias para maximizar forças e oportunidades, enquanto minimiza fraquezas e ameaças.

Gênesis 15: A Promessa – A Proposta de Valor da Marca

1. *E Deus fez uma aliança com Abraão, prometendo-lhe uma descendência numerosa.* No mundo das marcas, a proposta de valor é a promessa que a empresa faz ao seu público. É o que diferencia a marca das demais e o motivo pelo qual os consumidores devem escolhê-la.

2. A **proposta de valor** de uma marca vai além de seus produtos ou serviços; é o conjunto de benefícios e valores que a marca oferece aos seus consumidores.

3. Muitas marcas falham ao definir uma proposta de valor clara. A **Kodak**, por exemplo, não conseguiu se reposicionar no mercado digital e sua promessa de valor se perdeu em um mundo que mudou rapidamente. Sem uma promessa forte, a marca perde relevância.

4. *"E Deus disse a Abraão: 'Olhe para as estrelas, assim será a sua descendência.'"* Uma proposta de valor forte deve ser clara, aspiracional e tangível. Marcas que conseguem transformar sua promessa em algo que os consumidores podem vivenciar e experimentar criam um vínculo duradouro. A **Amazon**, com seu foco na conveniência e entrega rápida, construiu uma proposta de valor que é reconhecida globalmente.

5. O uso de **storytelling** pode fortalecer a proposta de valor, transformando-a em uma narrativa que ressoa emocionalmente com os consumidores. Ao contar uma história que reflete sua missão e visão, a marca cria uma conexão mais profunda e significativa com seu público.

"A promessa da marca é a base de confiança entre a empresa e seu público."

6. Para construir uma marca sólida e confiável, é essencial cumprir a promessa feita ao consumidor. A proposta de valor deve ser clara e consistente, garantindo que cada interação com a marca reforce essa promessa.

Gênesis 16: O Desafio – Gerenciamento de Expectativas

1. *E Sara ficou impaciente, e sugeriu que Abraão tivesse um filho com Agar.* No mundo das marcas, os desafios surgem quando as expectativas não são gerenciadas adequadamente. Quando as marcas prometem mais do que podem entregar, correm o risco de perder a confiança de seus consumidores.

2. O gerenciamento de expectativas é um aspecto crucial na construção de confiança entre uma marca e seus consumidores. Marcas que falham em alinhar suas promessas com a realidade enfrentam crises de credibilidade. **Samsung**, durante o lançamento do Galaxy Note 7, prometeu inovação e desempenho, mas não conseguiu entregar um produto seguro, resultando em um recall massivo.

3. Gerenciar as expectativas também envolve ser transparente quanto às limitações de um produto ou serviço. Marcas que tentam mascarar seus pontos fracos correm o risco de gerar insatisfação em seus consumidores, prejudicando sua imagem a longo prazo.

4. *"E Sara disse a Abraão: 'Vê que o Senhor me impediu de ter filhos.'"* No branding, assim como na vida, a paciência e a transparência são essenciais para manter uma relação saudável com o público. Quando as marcas são claras sobre o que podem ou não entregar, elas geram confiança. **Tesla**, por exemplo, ao prometer veículos autônomos, sempre esclareceu os desafios técnicos e os prazos estimados, mantendo seus consumidores informados.

5. Ferramentas como **pesquisa de mercado** e **feedback do consumidor** permitem que as marcas ajustem suas promessas de acordo com a realidade, garantindo que o que é oferecido esteja alinhado com as expectativas do público.

"Se falar, faça. Se prometer, cumpra."

6. A confiança do consumidor é conquistada quando as marcas são capazes de entregar exatamente o que prometem, ou até mais. O gerenciamento de expectativas é a chave para construir relações de longo prazo com o público.

É sempre bom saber!

O **feedback do consumidor** é um conjunto de opiniões e avaliações fornecidas pelos clientes sobre produtos ou serviços, que desempenha um papel crucial na melhoria e adaptação das ofertas de uma empresa. Esse retorno pode ser obtido por meio de pesquisas, comentários em redes sociais, avaliações e interações diretas. Analisar o feedback permite às marcas entender as necessidades e expectativas dos consumidores, identificar áreas de melhoria e inovar de forma a aumentar a satisfação e fidelidade do cliente. A escuta ativa e a implementação de mudanças baseadas nesse feedback são essenciais para o sucesso a longo prazo de qualquer negócio.

Gênesis 17: O Compromisso – Prova de Valor da Marca

1. *E Deus fez uma aliança com Abraão, pedindo-lhe um compromisso.* Toda marca, em algum momento, é testada. A prova de valor de uma marca acontece quando ela é colocada em situações desafiadoras e precisa mostrar seu compromisso com seus valores e promessas.

2. A prova de valor de uma marca ocorre em momentos de crise ou mudança, quando os consumidores avaliam se a marca realmente cumpre suas promessas. Durante o **Dieselgate**, a **Volkswagen** foi testada em sua capacidade de reparar o dano e se manter fiel aos seus compromissos ambientais e não se saiu tão bem assim. A forma como a marca lida com esses momentos define seu futuro.

3. Nem todas as marcas conseguem passar por esses testes. Quando a **Blockbuster** enfrentou a concorrência da **Netflix**, não conseguiu se adaptar às novas demandas dos consumidores, falhando em provar seu valor como líder no mercado de entretenimento.

4. *"E esta será a minha aliança com vocês, geração após geração."* A prova de valor de uma marca não é um evento único, mas um compromisso contínuo com seus consumidores.

5. O uso de estratégias de **responsabilidade social corporativa (RSC)** e **marketing ético** são ferramentas importantes para as marcas que buscam não apenas sobreviver a crises, mas também fortalecer sua imagem a longo prazo. Cumprir promessas em tempos difíceis cria uma relação de lealdade e respeito com os consumidores.

"Prove seu valor em cada interação, especialmente em tempos difíceis."

6. O verdadeiro valor de uma marca não é medido em tempos de paz, mas em tempos de desafio. Cumprir o compromisso feito com o público é o que diferencia marcas que prosperam daquelas que caem em desgraça.

É sempre bom saber!

A **responsabilidade social corporativa (RSC)** refere-se ao compromisso das empresas em conduzir seus negócios de forma ética e sustentável, levando em consideração o impacto social, ambiental e econômico de suas operações. Isso inclui iniciativas como práticas de trabalho justas, redução da pegada de carbono e apoio a comunidades locais.

O **marketing ético**, por sua vez, envolve a promoção de produtos e serviços de maneira responsável, destacando a transparência, a honestidade e a integridade nas comunicações com os consumidores. Esse tipo de marketing busca não apenas atrair clientes, mas também construir uma reputação positiva e a confiança do público, alinhando-se com os valores de responsabilidade social.

Juntas, **RSC** e **marketing ético** ajudam a criar um vínculo mais forte entre as marcas e os consumidores, que cada vez mais valorizam práticas sustentáveis e responsáveis.

Gênesis 18: Projeção – Estratégias de Expansão

1. *E Deus prometeu a Abraão um filho, projetando seu futuro.* Para uma marca, o planejamento estratégico é a promessa de crescimento e expansão. Toda marca que deseja prosperar precisa desenvolver estratégias claras para garantir sua relevância e sucesso no futuro.

2. As estratégias de expansão são fundamentais para marcas que buscam novos mercados e oportunidades de crescimento. A **Amazon**, por exemplo, expandiu sua atuação além do comércio eletrônico para o setor de tecnologia e entretenimento, solidificando seu papel como uma marca global.

3. No entanto, expandir sem uma estratégia clara pode levar ao fracasso. A **Ford**, ao tentar entrar no mercado de veículos elétricos sem um plano de longo prazo, enfrentou dificuldades para competir com marcas já estabelecidas, como **Tesla**.

4. *"E Sara riu, pois duvidava da promessa."* Muitas vezes, a expansão parece um sonho distante ou impossível, mas as marcas que se preparam para o futuro com uma visão clara e uma execução precisa conseguem superar as expectativas. **Netflix**, ao expandir seus serviços para streaming, redefiniu o mercado de entretenimento e desafiou a indústria de televisão tradicional.

5. Ferramentas como **análise de mercado** e **pesquisa de tendências** ajudam a identificar oportunidades de expansão, garantindo que a marca cresça de forma sustentável e planejada.

"O momento certo de se adaptar ao futuro é o presente."

6. Marcas que se preparam para o futuro com estratégias de expansão bem definidas são aquelas que prosperam em um mercado em constante evolução. O segredo está em planejar hoje para colher os frutos amanhã.

É sempre bom saber!

A **pesquisa de tendências** é o processo de identificação e análise de padrões emergentes em comportamentos, preferências e valores dos consumidores ao longo do tempo. Essa pesquisa envolve a coleta de dados de diversas fontes, como estudos de mercado, análises de comportamento, redes sociais e relatórios de indústria. O objetivo é prever mudanças que possam impactar o mercado e ajudar as empresas a se adaptarem, inovarem e desenvolverem produtos ou serviços que atendam às novas demandas dos consumidores. Essa prática é fundamental para manter a relevância e a competitividade em um ambiente de negócios em constante evolução.

Gênesis 19: O Conflito Interno – Gestão de Crises Internas

1. *E os anjos disseram a Ló: "Fuja, pois a cidade será destruída."* Nas marcas, os conflitos internos podem ser tão destrutivos quanto crises externas. Quando não são geridos de forma adequada, esses conflitos podem abalar a estrutura da marca, corroendo a confiança e prejudicando a produtividade e a coesão.

2. A gestão de crises internas envolve lidar com tensões dentro da própria organização, como conflitos de liderança, divergências de cultura e crises de comunicação. Marcas como a **Uber** enfrentaram crises internas profundas que afetaram não apenas a moral da equipe, mas também a percepção pública da empresa.

3. Quando as tensões internas não são resolvidas, o impacto pode ser devastador. A crise na **Wells Fargo**, por exemplo, em que funcionários criaram contas falsas para atingir metas de vendas, mostrou como uma cultura tóxica e mal gerida pode prejudicar severamente a imagem da marca.

4. *"E Ló hesitou, mas foi forçado a deixar tudo para trás."* Assim como Ló precisou agir rapidamente para evitar a destruição, marcas que enfrentam crises internas precisam de respostas ágeis e bem planejadas. A **Google**, em tempos de conflito interno com sua força de trabalho, agiu ao promover uma maior transparência e dar voz aos seus colaboradores, preservando sua cultura de inovação e inclusão.

5. Ferramentas como consultorias de **cultura organizacional** e o uso de **análises de clima organizacional** podem ajudar as marcas a identificar os problemas subjacentes antes que eles explodam em crises maiores. A comunicação aberta e a liderança empática são essenciais para gerenciar crises internas e reconstruir a confiança dentro da equipe.

"Os maiores desafios vêm de dentro. Resolva-os antes que destruam o que existe ao seu redor."

6. Gerenciar crises internas é uma habilidade crucial para manter a coesão da equipe e garantir que os valores da marca permaneçam intactos. As crises que vêm de dentro podem ser ainda mais perigosas, mas com liderança eficaz e comunicação clara, é possível contê-las e até mesmo transformá-las em oportunidades de crescimento.

É sempre bom saber!

A **cultura organizacional** é o conjunto de valores, crenças e comportamentos que define uma empresa, influenciando a interação entre colaboradores e impactando a produtividade.

As **análises (ou pesquisas) de clima organizacional** avaliam a percepção dos funcionários sobre o ambiente de trabalho, abordando aspectos como comunicação e reconhecimento, e são essenciais para promover um ambiente saudável e reter talentos.

Gênesis 20: A Reconstrução – Recuperação da Reputação

1. *E Abraão orou por Abimeleque, e Deus restaurou sua casa.* Toda marca, em algum momento, enfrenta uma crise que pode abalar sua reputação. No entanto, assim como uma cidade pode ser reconstruída, a reputação de uma marca pode ser restaurada se houver um planejamento estratégico e um esforço genuíno.

2. A recuperação da reputação após uma crise é um processo delicado que exige transparência, responsabilidade e ações concretas. A **Johnson & Johnson**, após a crise do **Tylenol** nos anos 80, demonstrou como uma resposta rápida e honesta pode não apenas restaurar a confiança do público, mas até mesmo fortalecer a reputação da marca.

3. No entanto, marcas que tentam encobrir seus erros ou se recusam a admitir falhas muitas vezes afundam ainda mais. O caso da **Volkswagen (Dieselgate)**, após o desastre ambiental no Golfo do México, mostrou como a falta de responsabilidade e a tentativa de minimizar o impacto resultaram em uma perda significativa de confiança pública e de valor de mercado.

4. *"E Abimeleque foi restaurado, e sua casa foi curada."* A recuperação da reputação começa com a admissão dos erros. Marcas que tomam responsabilidade por suas falhas e se comprometem a corrigir os danos têm mais chances de reconstruir sua imagem. A

Toyota, após um recall de segurança em larga escala, implementou mudanças profundas em seus processos de controle de qualidade, o que permitiu que a marca recuperasse sua posição de liderança no mercado automotivo.

5. Ferramentas como o **PR de crise** e o **engajamento com stakeholders** são essenciais para a reconstrução da reputação. Ações como campanhas de reposicionamento e projetos de responsabilidade social podem ajudar a marca a mostrar ao público que está comprometida com a mudança.

"Transparência é o primeiro passo para a recuperação."

6. Marcas que enfrentam crises de reputação precisam entender que a confiança pode ser recuperada, mas somente se houver um esforço genuíno e contínuo. A recuperação é um processo, e a chave está em ser transparente, agir com integridade e entregar soluções concretas para corrigir os erros.

É sempre bom saber!

PR de crise (Relações Públicas de Crise) é a gestão de comunicação durante situações adversas, visando proteger a reputação da marca e restaurar a confiança do público por meio de transparência e ações estratégicas.

Engajamento com stakeholders é a interação com partes interessadas, buscando entender suas preocupações e expectativas para fortalecer a confiança e facilitar a tomada de decisões colaborativas.

Gênesis 21: A Superação – Histórias de Sucesso no Branding

1. *E Sara disse: "Deus me deu motivo de riso, e todos que ouvirem se alegrarão comigo."* O sucesso de uma marca é, muitas vezes, uma história de superação. Marcas que enfrentam desafios e saem vitoriosas conquistam a admiração de seus consumidores e se tornam exemplos de perseverança e inovação.

2. As histórias de superação no branding inspiram e geram conexão emocional com o público. Marcas como **Nike**, que constantemente promovem a superação de limites, têm uma narrativa que vai além de produtos esportivos. A marca se tornou um símbolo de resiliência, incentivando os consumidores a superarem seus próprios desafios.

3. Porém, a superação não acontece sem desafios. A **Lego**, por exemplo, quase entrou em falência no início dos anos 2000, mas se reinventou ao diversificar seus produtos e focar em parcerias estratégicas com franquias de sucesso como **Star Wars** e **Harry Potter**. Hoje, a marca é um exemplo de como a inovação e a adaptação podem levar ao sucesso.

4. *"E Sara riu de alegria, pois sua superação foi recompensada."* A superação de uma marca muitas vezes envolve inovação e uma reavaliação de sua proposta de valor. A **Apple**, que enfrentava dificuldades nos anos 90, se reinventou ao trazer de volta **Steve Jobs**

e focar em inovação tecnológica, resultando no lançamento de produtos icônicos como o iPhone e o iPod.

5. Ferramentas como o **design thinking** e o **branding emocional** podem ajudar marcas a se reconectarem com seus consumidores e a transformarem seus desafios em histórias de superação. Ao focar nas necessidades emocionais do público, a marca cria uma narrativa que inspira e gera lealdade.

"Sua superação se tornará inspiração para outras pessoas."

6. Marcas que superam seus desafios se tornam símbolos de sucesso e inspiração. Ao enfrentar as adversidades de frente e transformá-las em oportunidades, as marcas não apenas garantem sua sobrevivência, mas também conquistam a admiração de seus consumidores.

É sempre bom saber!

Branding emocional é a estratégia de criar conexões profundas entre uma marca e seus consumidores por meio de apelos emocionais. Em vez de focar apenas em características racionais dos produtos, essa abordagem busca evocar sentimentos, experiências e memórias que ressoam com o público. O objetivo é construir lealdade à marca e um vínculo duradouro, utilizando narrativas, design, comunicação e experiências que toquem o coração dos consumidores. Marcas que conseguem estabelecer esse tipo de conexão emocional tendem a se destacar no mercado e a criar defensores fervorosos.

Gênesis 22: Prova de fogo – Engajamento e Comprometimento

1. *E Deus testou Abraão, pedindo-lhe um sacrifício.* Nas marcas, o engajamento do público é frequentemente visto como um teste constante. As marcas precisam estar dispostas a fazer sacrifícios para manter o compromisso com seu público e garantir que o engajamento seja genuíno e duradouro.

2. O engajamento com os consumidores vai além de campanhas de marketing. Trata-se de criar uma conexão emocional autêntica e consistente. Marcas como **Coca-Cola** mantêm um alto nível de engajamento ao apostar em campanhas que falam diretamente ao coração dos consumidores, como a famosa campanha de Natal.

3. No entanto, manter o engajamento não é uma tarefa fácil. Marcas que se distanciam de seu público ou falham em acompanhar suas necessidades correm o risco de perder relevância. A queda de popularidade da **Yahoo!**, por exemplo, foi resultado da falta de inovação e da desconexão com seu público, o que levou ao declínio da marca.

4. *"E Abraão ergueu o cutelo, mas foi interrompido por um anjo."* Assim como Abraão provou seu comprometimento, as marcas precisam mostrar ao público que estão dispostas a fazer sacrifícios para manter o relacionamento. Em 2018, a **Starbucks**, por exemplo, fechou lojas em todo os Estados Unidos por um dia para treinar melhor seus funcionários, demonstrando seu compromisso com a qualidade do serviço e a experiência do cliente.

5. O uso de **redes sociais** e **ferramentas de CRM** permite que as marcas mantenham um diálogo constante com seus consumidores, criando um engajamento personalizado e ajustado às necessidades de cada público.

"Seu compromisso é testado a cada interação."

6. O engajamento com o público é um processo contínuo que exige sacrifícios e esforços constantes. Marcas que se comprometem com a satisfação do cliente e mantêm um diálogo aberto e transparente conseguem criar relações duradouras e valiosas.

Gênesis 23: A Conquista – Construção da Lealdade

1. *E Abraão comprou uma terra para enterrar Sara, garantindo seu lugar na terra prometida.* A construção de lealdade é uma das maiores conquistas para uma marca. Marcas que conseguem criar um vínculo emocional forte com seus consumidores garantem sua permanência no mercado e constroem um legado duradouro.

2. A construção de lealdade vai além de oferecer produtos ou serviços de qualidade. É preciso criar uma experiência única que faça com que os consumidores voltem repetidamente. Marcas como **Apple** e **Amazon** construíram um nível de lealdade tão alto que muitos consumidores nem cogitam trocar por concorrentes.

3. Mas essa lealdade é mais frágil do que pensamos. Marcas que não mantêm suas promessas ou falham em manter a qualidade correm o risco de perder a confiança de seus consumidores. O declínio da **Nokia**, que dominava o mercado de celulares, mostrou como a falta de inovação e de foco nas necessidades do cliente pode resultar na perda de lealdade.

4. *"E Abraão garantiu sua permanência na terra ao conquistar um lugar de descanso para Sara."* Assim como Abraão garantiu seu lugar na terra prometida, as marcas precisam conquistar um lugar na vida de seus consumidores. **Nike**, com sua estratégia de branding emocional e foco em histórias de superação, criou uma lealdade profunda entre seus consumidores.

5. Ferramentas como **programas de fidelidade** e **marketing de relacionamento** ajudam a construir e manter a lealdade do cliente. Ao criar benefícios e recompensas para os consumidores, a marca fortalece sua posição e garante a repetição de compras.

"Fidelidade é conquistada com propósito e consistência."

6. A lealdade do consumidor é uma conquista que se constrói com esforço, consistência e inovação. Marcas que humanizam suas interações e entregam valor real ao consumidor conseguem não apenas conquistar clientes, mas criar defensores da marca que a acompanham por toda a vida.

É sempre bom saber!

Os **programas de fidelidade** são estratégias que incentivam os clientes a continuarem comprando de uma marca, oferecendo recompensas como pontos, descontos ou benefícios exclusivos. O objetivo é aumentar a retenção de clientes e incentivar a lealdade, criando um relacionamento contínuo entre o consumidor e a marca.

O **marketing de relacionamento** é uma abordagem focada em construir e manter relacionamentos duradouros com os clientes, personalizando a comunicação e oferecendo experiências que atendam suas necessidades e desejos. Essa estratégia busca aumentar a satisfação do cliente, promovendo a lealdade e a repetição de compras por meio de interações significativas e suporte contínuo.

Gênesis 24: O Caminho – Mapeamento da Jornada

1. *E o servo de Abraão partiu em uma jornada para encontrar a esposa de Isaque.* Toda marca deve embarcar em uma jornada para entender seu consumidor. O mapeamento da jornada do cliente é essencial para criar uma experiência coesa e personalizada, que leve o consumidor do primeiro contato até a fidelização.

2. O **mapeamento da jornada do cliente** envolve identificar e otimizar todos os pontos de contato entre o consumidor e a marca, desde a primeira interação até o pós-venda. Marcas que falham em mapear essa jornada correm o risco de perder o cliente em alguma fase crucial.

3. No entanto, muitas marcas ainda têm dificuldade em alinhar a experiência em diferentes canais, resultando em inconsistências que frustram o cliente. A **Walmart**, ao tentar integrar seu e-commerce com lojas físicas, enfrentou desafios significativos, devido à falta de sinergia entre os diferentes canais.

4. *"E o servo encontrou Rebeca junto ao poço, marcando o início de uma nova jornada."* Assim como cada jornada tem um ponto de partida, as marcas devem mapear os primeiros passos de seus consumidores. O uso de ferramentas de **CRM** e análise de dados permite que as marcas monitorem cada fase da jornada do cliente, ajustando a experiência de forma personalizada.

5. Amazon é um exemplo de como mapear a jornada do cliente e oferecer uma experiência coesa. Do primeiro clique até a entrega do produto, a marca garante que o cliente tenha uma experiência consistente e sem fricção, o que fortalece a lealdade e a satisfação.

"Todos os dias, milhões de pessoas compram algo. Onde está sua marca quando mais precisam dela?"

6. O mapeamento da jornada do cliente é uma estratégia poderosa para entender o comportamento do consumidor e oferecer uma experiência personalizada. Marcas que se preocupam em otimizar cada ponto de contato garantem a satisfação do cliente e aumentam suas chances de fidelização.

É sempre bom saber!

O **mapeamento da jornada do cliente** é uma abordagem que analisa as etapas que um consumidor percorre ao interagir com uma marca. As etapas geralmente incluem:

1. **Aprendizado e Descoberta:** O cliente se torna ciente de um problema ou necessidade e começa a buscar informações.
2. **Reconhecimento do Problema:** O cliente reconhece que precisa de uma solução específica para seu problema.
3. **Consideração da Solução:** O cliente pesquisa e compara diferentes opções e soluções disponíveis no mercado.
4. **Decisão de Compra:** O cliente decide qual produto ou serviço adquirir, levando em conta fatores como preço, qualidade e recomendações.

5. **Retenção:** Após a compra, o foco é manter o cliente satisfeito e engajado, incentivando compras futuras e fidelização.

Esse mapeamento ajuda as empresas a entenderem as necessidades dos clientes em cada etapa, permitindo otimizações na experiência e estratégias de marketing mais eficazes.

Gênesis 25: Novos Horizontes – Inovação no Branding

1. *E Esaú e Jacó seguiram caminhos diferentes, cada um em busca de seu próprio futuro.* Para as marcas, inovar é explorar novos horizontes e buscar constantemente formas de se reinventar. A inovação é o motor que mantém uma marca relevante e à frente de seus concorrentes.

2. A inovação no branding é essencial para a sobrevivência e crescimento de uma marca. Empresas que param de inovar correm o risco de se tornarem obsoletas. **Netflix**, ao migrar de aluguel de DVDs para streaming, mostrou como a inovação pode transformar radicalmente um modelo de negócios e criar novas oportunidades de mercado.

3. No entanto, a inovação também pode ser um risco. A **New Coke**, tentativa da **Coca-Cola** de inovar no sabor de seu produto, gerou uma reação negativa massiva, mostrando que nem toda inovação é bem-vinda pelos consumidores. O desafio está em equilibrar a inovação com a identidade da marca.

4. *"E os irmãos se separaram, cada um buscando seu próprio caminho."* Assim como Jacó e Esaú seguiram diferentes direções, as marcas devem explorar novos caminhos de forma estratégica, sem perder sua essência.

5. Ferramentas como o **design thinking** e o **branding disruptivo** permitem que as marcas explorem novas ideias, ao mesmo tempo em que garantem que a inovação esteja alinhada com seus valores centrais. Inovar com propósito garante que a marca permaneça autêntica e relevante.

"Faça da inovação um hábito, não um ato isolado."

6. A inovação é o que mantém uma marca viva e dinâmica. No entanto, deve ser feita com propósito e planejamento, garantindo que cada nova ideia fortaleça a identidade da marca, em vez de afastá-la de suas raízes.

É sempre bom saber!

Branding disruptivo é uma estratégia que visa desafiar normas e expectativas do mercado, criando uma identidade única e inovadora para a marca. Essa abordagem se concentra em oferecer produtos, serviços ou experiências que rompem com o convencional, muitas vezes gerando novas categorias ou mudando a percepção do consumidor sobre o que é possível. Marcas que utilizam branding disruptivo frequentemente se destacam por sua originalidade, comunicação audaciosa e por gerar um forte engajamento emocional com o público. O objetivo é não apenas atrair a atenção, mas também criar uma conexão duradoura que faça os consumidores se identificarem com a marca de maneira profunda.

Gênesis 26: Liderança – Gestão e Inspiração

1. *E Isaque reabriu os poços que Abraão havia cavado, assumindo o legado de seu pai.* A liderança é o que define o rumo de uma marca. Líderes inspiradores são capazes de motivar suas equipes, guiar a visão da empresa e garantir que a marca continue inovando e se adaptando aos desafios do mercado.

2. A liderança no branding desempenha um papel crucial em manter a coesão e inspirar tanto a equipe quanto os consumidores, e poucos exemplificam isso tão bem quanto **Steve Jobs**. Conhecido por seu passado rebelde, Jobs passou por uma notável reinvenção pessoal ao retornar à Apple, transformando não apenas sua própria imagem, mas reposicionando a empresa como sinônimo de inovação e design de ponta. Essa trajetória reflete os princípios de **Personal Branding**, como discutido por Arthur Bender, que destaca a importância da autenticidade, consistência e alinhamento entre a visão pessoal e profissional. Jobs aplicou esses conceitos ao construir uma marca pessoal que transcendeu sua excentricidade inicial, tornando-se o rosto visionário por trás de uma das marcas mais valiosas do mundo. Sua liderança visionária mostrou como uma forte conexão entre o líder e a marca pode moldar o futuro de uma organização, criando um legado duradouro e uma marca emocionalmente conectada ao público.

3. No entanto, a falta de liderança ou uma liderança fraca pode comprometer seriamente o futuro de uma marca. A **Enron** é um exemplo trágico de como a má liderança pode destruir uma empresa que, em um momento, parecia inabalável. A falta de ética e a liderança baseada em ganhos a curto prazo levaram a uma crise de confiança insuperável.

4. *"E Isaque encontrou água nos poços de seu pai, garantindo o sustento para sua casa."* Assim como Isaque seguiu os passos de Abraão para garantir o futuro de sua família, líderes de marcas devem honrar o legado, ao mesmo tempo em que inovam e inspiram suas equipes. **Tesla**, sob a liderança visionária de **Elon Musk**, conseguiu transformar uma pequena fabricante de carros elétricos em uma das empresas mais valiosas do mundo, com uma missão clara de promover a sustentabilidade.

5. Ferramentas como o **coaching de liderança** e a implementação de uma **cultura de inovação** ajudam a preparar líderes que não apenas gerenciam, mas inspiram suas equipes a atingir o potencial máximo. A liderança eficaz no branding garante que a marca seja conduzida com propósito e estratégia.

"Lidere com propósito, inspire lealdade."

6. Uma marca forte é liderada por pessoas que têm visão, que inspiram sua equipe e que constroem um futuro sólido com base na confiança, na inovação e na ética. Marcas lideradas com propósito são capazes de resistir a crises e prosperar em mercados competitivos.

É sempre bom saber!

Coaching de liderança é um processo que visa desenvolver habilidades e competências em líderes, ajudando-os a se tornarem mais eficazes em suas funções. O coaching foca em promover autoconhecimento, melhorar a comunicação, e capacitar os líderes a inspirar e motivar suas equipes. Esse desenvolvimento é fundamental para a implementação de uma **cultura de inovação** dentro das organizações.

A **cultura de inovação** envolve criar um ambiente que estimule a criatividade, a experimentação e a aceitação de riscos. Para que isso aconteça, os líderes precisam incentivar a colaboração, valorizar novas ideias e permitir que os colaboradores se sintam seguros para compartilhar suas sugestões sem medo de falhar. A combinação de coaching de liderança com uma cultura de inovação pode resultar em equipes mais engajadas e em um ambiente onde soluções inovadoras podem florescer, contribuindo para o crescimento e a adaptabilidade da empresa no mercado.

Personal branding é o processo de criar e gerenciar a percepção pública de um indivíduo, semelhante à construção de uma marca corporativa. Ele envolve definir e comunicar de forma estratégica quem você é, suas habilidades, valores, e o que o diferencia no mercado. O objetivo é moldar a imagem pessoal para influenciar como os outros veem e interagem com você, seja no contexto profissional ou pessoal, gerando credibilidade, confiança e relevância na sua área de atuação.

Gênesis 27: Frustrações – Alinhamento entre Expectativa e Realidade

1. *E Jacó enganou seu pai, tomando a bênção que era destinada a Esaú, gerando frustração e desentendimentos.* No mundo das marcas, as frustrações surgem quando há uma desconexão entre as expectativas dos consumidores e o que a marca realmente entrega. Quando a promessa não é cumprida, a confiança é abalada.

2. O alinhamento entre expectativa e realidade é crucial para garantir a satisfação do cliente. Marcas que criam expectativas altas, mas não conseguem entregá-las, perdem a confiança de seus consumidores. A **Boeing**, durante o lançamento do 737 MAX, prometeu segurança e eficiência, mas após dois acidentes fatais relacionados a falhas no sistema, a empresa enfrentou um recall global e uma crise de confiança significativa. Isso resultou em impactos financeiros e reputacionais duradouros, demonstrando a importância de cumprir com as promessas feitas aos clientes.

3. No entanto, marcas que são transparentes sobre suas limitações conseguem gerenciar melhor as expectativas do público. A **GoPro**, por exemplo, enfrentou desafios durante o lançamento da Hero 5, incluindo problemas de produção e atrasos na entrega. A empresa foi clara sobre essas dificuldades, o que ajudou a estabelecer expectativas realistas entre os consumidores. Essa comunicação aberta ajudou a mitigar frustrações e a manter a lealdade dos clientes, mesmo diante dos contratempos.

4. *"E Esaú gritou de frustração, pois não recebeu o que esperava."* As marcas devem ser realistas e transparentes em sua comunicação para evitar frustrações. A **Amazon**, com seu foco em entregar o que promete (e até mais), tornou-se referência em satisfação ao oferecer prazos de entrega rápidos e uma política de devolução eficiente.

5. Ferramentas como **pesquisa de satisfação** e feedback constante ajudam a marca a ajustar suas promessas e alinhar melhor as expectativas dos consumidores com a realidade.

"Prometa o possível, entregue o extraordinário."

6. Marcas que conseguem alinhar expectativas e realidade não apenas mantêm a confiança de seus consumidores, mas também os surpreendem com uma entrega superior ao prometido. A transparência e a consistência são essenciais para evitar frustrações e construir relações de longo prazo.

É sempre bom saber!

Pesquisa de satisfação é uma ferramenta que permite às empresas coletar informações sobre a experiência e a satisfação dos clientes em relação a produtos ou serviços. Essas pesquisas podem ser realizadas por meio de questionários, entrevistas ou plataformas online, e ajudam as empresas a identificar pontos fortes e áreas de melhoria. A análise dos resultados fornece insights valiosos para aprimorar a experiência do cliente e ajustar estratégias de negócios.

Gênesis 28: O Sonho – Visão e Ambição para o Futuro

1. *E Jacó sonhou com uma escada que alcançava os céus, onde anjos subiam e desciam.* Para uma marca, ter uma visão clara e ambiciosa é essencial para traçar o caminho para o futuro. Assim como Jacó sonhou com algo grandioso, as marcas precisam de uma visão que inspire e oriente suas ações.

2. A visão de uma marca é o que define seu futuro. Marcas como a **Google** sempre tiveram uma visão ambiciosa de "organizar toda a informação do mundo", o que orienta suas inovações e decisões estratégicas. Ter uma visão clara permite que a marca navegue por um mercado em constante mudança com um propósito definido.

3. Marcas que não têm uma visão clara tendem a se perder no mercado. A **MySpace**, que foi uma das pioneiras nas redes sociais, não conseguiu se adaptar às novas demandas dos usuários e à ascensão do Facebook. Sem uma visão estratégica e inovadora para o futuro, a plataforma rapidamente perdeu relevância e usuários, tornando-se um exemplo de como a falta de clareza na visão pode levar à obsolescência em um ambiente digital em constante mudança.

4. *"E a escada alcançava os céus, mostrando a grandeza do futuro."* Marcas com uma visão clara e inspiradora conseguem motivar tanto seus colaboradores quanto seus consumidores. **SpaceX**, com sua visão de colonizar Marte, criou um movimento de inovação que desafia as fronteiras da ciência e da tecnologia.

5. Ferramentas como o **Golden Circle** de Simon Sinek ajudam as marcas a definir não apenas o que fazem, mas porque fazem. Essa clareza de propósito é o que diferencia marcas visionárias daquelas que apenas reagem às demandas do mercado.

"Sonhe grande. Construa algo maior."

6. Ter uma visão clara e ambiciosa é o que permite que a marca cresça e se adapte às mudanças do mercado. Marcas com visão traçam um futuro inspirador, enquanto aquelas sem propósito se perdem no caminho.

Gênesis 29: Propósito – Autenticidade na Construção da Marca

1. *E Jacó trabalhou sete anos por Raquel, mas pareceu-lhe como poucos dias, pelo tanto que a amava.* A construção de uma marca autêntica exige tempo, dedicação e compromisso. Assim como Jacó foi fiel ao seu propósito, as marcas precisam manter a autenticidade como pilar central de sua identidade.

2. A autenticidade é uma das características mais valorizadas pelos consumidores modernos. Marcas autênticas são aquelas que permanecem fiéis a seus valores e princípios, independentemente das circunstâncias. A **Natura**, com seu compromisso com a sustentabilidade e a valorização da biodiversidade brasileira, exemplifica o que significa ser uma marca autêntica, alinhando suas ações e produtos com seus valores e promovendo práticas éticas em toda a sua cadeia produtiva.

3. Há também casos de marcas que se afastam de seu propósito e tentam se adaptar a tendências passageiras frequentemente perdem a confiança do público. A crise enfrentada pela **Abercrombie & Fitch**, que baseava sua identidade em uma imagem exclusivista e elitista, mostrou como a falta de autenticidade pode afastar consumidores à medida que as expectativas sociais mudam.

4. *"E Jacó esperou, perseverando, para alcançar seu objetivo final."* A construção de uma marca autêntica requer uma compreensão clara de seu propósito. A marca de sorvetes americana **Ben & Jerry's**, por exemplo, é uma marca que sempre manteve seu propósito social em primeiro plano, integrando valores éticos e responsabilidade em suas práticas, o que fortalece sua autenticidade aos olhos do público.

5. Ferramentas como o **propósito** de marca e a **storytelling** autêntica podem ajudar as marcas a comunicar seus valores e propósito de maneira clara e verdadeira, criando uma conexão emocional com o público.

"Respire propósito, inspire confiança."

6. Marcas que mantêm a autenticidade em sua essência conquistam a confiança e a lealdade de seus consumidores. O propósito é a bússola que guia a marca em todas as suas ações, e essa fidelidade a seus valores é o que a torna autêntica e duradoura.

Gênesis 30: O Crescimento – Expansão de Produtos e Serviços

1. *E os rebanhos de Jacó aumentaram muito, e ele prosperou, diversificando seus bens.* O crescimento de uma marca é como o aumento de um rebanho: exige diversificação e adaptação. Para expandir, é necessário oferecer novos produtos e serviços que atendam às demandas de um mercado em constante mudança.

2. A diversificação é uma estratégia fundamental para o crescimento sustentável de uma marca. A **Nestlé**, por exemplo, começou como uma fabricante de leite em pó, mas ao longo do tempo diversificou seu portfólio para incluir alimentos, bebidas, produtos de nutrição e até cuidados com a saúde, solidificando sua posição como uma das maiores empresas de alimentos do mundo.

3. No entanto, a diversificação mal planejada pode ser prejudicial. A **PepsiCo**, ao tentar entrar no mercado de fast food com a **Pizza Hut** e **KFC**, acabou enfrentando dificuldades para manter seu foco e identidade, o que levou à venda dessas marcas. A diversificação precisa ser estratégica e alinhada ao propósito da marca.

4. *"E Jacó separou os rebanhos, garantindo o crescimento e a multiplicação."* Assim como Jacó diversificou seus rebanhos para garantir seu crescimento, as marcas precisam expandir suas ofertas de maneira estratégica. A **Apple**, ao lançar produtos como o iPhone e o Apple Watch, diversificou sua linha sem perder de vista sua essência de inovação tecnológica.

5. Ferramentas como a **análise de mercado** e o **desenvolvimento de produtos** são essenciais para identificar novas oportunidades e garantir que a diversificação traga resultados positivos.

"Diversifique com propósito, cresça com relevância."

6. Crescer significa se adaptar e diversificar. As marcas que prosperam são aquelas que encontram maneiras de expandir suas ofertas sem perder de vista sua identidade e propósito, criando novas oportunidades de mercado e mantendo sua relevância.

É sempre bom saber!

O **desenvolvimento de produtos** é o processo de criar novos produtos ou aprimorar os existentes, e envolve cinco etapas principais:

1. **Pesquisa de Mercado:** Entender as necessidades do consumidor e analisar a concorrência.
2. **Ideação:** Gerar ideias para novos produtos ou melhorias.
3. **Prototipagem:** Criar versões iniciais do produto para testar a viabilidade.
4. **Testes:** Avaliar o produto com consumidores reais e coletar feedback.
5. **Lançamento:** Introduzir o produto no mercado, monitorando seu desempenho.

Esse processo é essencial para inovações, satisfação do cliente e crescimento da marca.

Gênesis 31: A Fuga – Diferenciação no Mercado

1. *E Jacó fugiu de Labão, buscando a independência para sua família.* No mundo das marcas, a diferenciação no mercado é uma fuga da mesmice, uma busca por espaço próprio e originalidade. Marcas que se diferenciam conseguem escapar do comodismo e criar um espaço exclusivo para si.

2. A **diferenciação no mercado** é o que permite que uma marca se destaque da concorrência. Marcas como **Red Bull** não vendem apenas uma bebida energética, mas também uma experiência de adrenalina e aventura. Essa diferenciação criou um segmento próprio, no qual a marca é sinônimo de energia e performance.

3. Vale lembrar que marcas que não conseguem se diferenciar acabam competindo por preço, o que limita seu crescimento. A **Motorola**, que foi uma das pioneiras no mercado de celulares, perdeu sua relevância ao não se diferenciar em um ambiente onde a inovação e o design se tornaram cruciais para a preferência do consumidor.

4. *"E Jacó partiu com tudo o que possuía, deixando para trás o controle de Labão."* A diferenciação permite que a marca deixe para trás a competição baseada em preço e encontre um território único. A **Disney**, ao oferecer experiências imersivas e narrativas envolventes, conseguiu se destacar no setor de entretenimento, criando um lugar especial na memória afetiva de milhões de pessoas ao redor do mundo.

5. Ferramentas como o **branding emocional** e o **posicionamento de marca** ajudam a criar uma identidade única que ressoe com o público e diferencie a marca de seus concorrentes.

"Caminhos difíceis te levam a lugares únicos."

6. A diferenciação no mercado é a chave para criar uma posição sólida e exclusiva. Marcas que conseguem se destacar da concorrência não apenas sobrevivem, mas prosperam, criando um legado duradouro.

É sempre bom saber!

O **posicionamento de marca** refere-se à maneira como uma marca é percebida pelos consumidores em relação a seus concorrentes. É a proposta única que diferencia a marca no mercado e define sua identidade, valores e benefícios. Um posicionamento eficaz comunica claramente o que a marca representa e como ela atende às necessidades e desejos do público-alvo. Isso envolve a definição de atributos específicos, a criação de uma mensagem consistente e o uso de estratégias de marketing para reforçar essa percepção. O objetivo é construir uma imagem forte e favorável que ressoe com os consumidores e crie lealdade à marca.

Gênesis 32: O Confronto – Autoanálise e Melhoria Contínua

1. *E Jacó lutou com o anjo durante toda a noite, até que o amanhecer chegou.* No branding, o confronto mais importante que uma marca pode enfrentar é consigo mesma. A autoanálise e a melhoria contínua são essenciais para que a marca se adapte, cresça e se fortaleça.

2. A auto análise permite que as marcas identifiquem suas fraquezas e oportunidades de melhoria. Empresas como a **Toyota**, que abraçaram o conceito de **kaizen** (melhoria contínua), conseguiram se manter no topo da indústria automotiva ao constantemente revisar seus processos e implementar melhorias.

3. Por outro lado, marcas que evitam a autoanálise e se tornam complacentes com seu sucesso frequentemente perdem relevância. A **Oi**, por exemplo, não fez a autocrítica necessária para se adaptar às novas demandas do mercado de telecomunicações, como a transição para serviços de internet rápida, o que resultou em problemas financeiros e uma significativa perda de relevância no setor.

4. *"E o anjo disse a Jacó: 'Você lutou com Deus e com os homens, e prevaleceu.'"* Assim como Jacó, as marcas que enfrentam seus desafios internos e se comprometem com a melhoria contínua conseguem superar adversidades e se manter competitivas. **Microsoft**, sob a liderança de Satya Nadella, realizou uma autoanálise profunda e, ao se focar em inovação e serviços em nuvem, conseguiu se reinventar.

5. Ferramentas como **auditorias de marca** e **feedback do consumidor** são essenciais para identificar áreas que precisam ser melhoradas e para garantir que a marca continue evoluindo.

"Desafiar a si mesmo é o primeiro passo para o crescimento."

6. A melhoria contínua e a autoanálise são os pilares que sustentam o crescimento e a adaptação de uma marca. Ao confrontar seus próprios desafios e buscar constantemente a excelência, a marca se fortalece e se prepara para o futuro.

É sempre bom saber!

A **auditoria de marca** é um processo de avaliação abrangente que analisa a percepção da marca, sua posição no mercado e a eficácia das suas estratégias. Este processo envolve a coleta de dados sobre a imagem da marca, feedback dos consumidores, análise da concorrência e revisão das campanhas de marketing. O objetivo é identificar pontos fortes, fraquezas e oportunidades de melhoria, garantindo que a marca se mantenha relevante e alinhada com suas metas e valores. A auditoria ajuda as empresas a ajustar suas estratégias e a se adaptarem às mudanças no mercado e nas preferências dos consumidores.

Gênesis 33: A Reconciliação – Revisão do Posicionamento

1. *E Jacó se reconciliou com Esaú, curando as feridas do passado.* Assim como Jacó precisou revisar sua relação com seu irmão, as marcas, em algum momento, precisam revisar seu posicionamento no mercado para garantir que ainda estão alinhadas com as expectativas do público.

2. A **revisão do posicionamento** é necessária quando uma marca percebe que sua mensagem não está mais ressoando com seu público. **McDonald's**, por exemplo, enfrentou uma crise de imagem e, ao revisar seu posicionamento, passou a focar em ingredientes mais saudáveis e em uma experiência de consumo mais moderna, ajustando sua oferta às expectativas dos consumidores.

3. Marcas que ignoram a necessidade de revisar seu posicionamento frequentemente perdem relevância. O caso da **Avon** ilustra isso; a empresa, uma gigante em vendas diretas de cosméticos, não se adaptou rapidamente às novas tendências do mercado e à concorrência online, o que resultou em uma significativa perda de participação no mercado, chegando a decretar falência nos Estados Unidos.

4. *"E Jacó se inclinou diante de Esaú, reconhecendo seus erros passados."* Reconhecer que uma mudança é necessária é o primeiro passo para revisar o posicionamento de uma marca. **Domino's Pizza**, ao admitir publicamente que a qualidade de sua pizza não estava atendendo às expectativas, conseguiu não só reformular seu produto, mas também reconquistar a confiança do público.

5. Ferramentas como **pesquisas de mercado** e **análise de tendências** ajudam a marca a entender como o público percebe seu posicionamento atual e onde são necessários ajustes para garantir que a mensagem da marca esteja alinhada com as demandas do consumidor.

"Enxergue cada ciclo, reflita, adapte-se e continue."

6. Marcas que revisam e ajustam seu posicionamento de acordo com as necessidades do mercado conseguem manter sua relevância e continuar crescendo. A capacidade de se adaptar e evoluir é o que garante que a marca permaneça competitiva em um cenário em constante mudança.

É sempre bom saber!

A **análise de tendências** envolve a coleta e interpretação de dados para identificar padrões e mudanças no comportamento do consumidor, no mercado e em diferentes setores. É uma ferramenta crucial para as empresas, pois ajuda a prever futuras demandas e a adaptar estratégias de negócios. A análise pode incluir dados demográficos, sociais, tecnológicos e econômicos, permitindo que as marcas se posicionem de maneira proativa.

Os principais passos na **análise de tendências** incluem:

1. **Coleta de Dados:** Reunir informações de diversas fontes, como pesquisas de mercado, relatórios de indústria e feedback do consumidor.
2. **Identificação de Padrões:** Examinar os dados em busca de padrões que indiquem mudanças emergentes.
3. **Interpretação:** Analisar o que esses padrões significam para o negócio e como podem impactar o mercado.
4. **Previsão:** Utilizar os dados para fazer previsões sobre o futuro e identificar oportunidades de crescimento ou necessidade de adaptação.
5. **Implementação:** Aplicar os insights da análise para ajustar estratégias de marketing, desenvolvimento de produtos e posicionamento no mercado.

Essa prática ajuda as marcas a se manterem relevantes e competitivas, antecipando as necessidades dos consumidores antes que se tornem tendências amplamente reconhecidas.

Gênesis 34: Equilíbrio – Coerência entre Cultura e Imagem

1. *E Dina, filha de Jacó, foi desonrada, e houve um grande conflito entre as tribos.* O equilíbrio entre a cultura organizacional e a imagem da marca é fundamental para evitar conflitos internos e externos. Quando a cultura de uma marca não reflete sua imagem pública, a coerência se perde, e a confiança é abalada.

2. A coerência entre cultura e imagem é o que torna uma marca autêntica. Marcas como a norte-americana **Zappos**, que promovem uma cultura de atendimento excepcional, refletem essa cultura em cada ponto de contato com o cliente, garantindo que o que elas dizem e o que elas fazem esteja perfeitamente alinhado.

3. No entanto, marcas que falham em alinhar sua cultura interna com sua imagem externa enfrentam crises de autenticidade. A **Uber**, em seus primeiros anos, promoveu uma imagem inovadora e disruptiva, mas as revelações sobre a cultura tóxica dentro da empresa criaram um conflito entre a percepção externa e a realidade interna, prejudicando a reputação da marca.

4. *"E os filhos de Jacó vingaram a desonra de sua irmã, buscando restaurar a honra da família."* Assim como os filhos de Jacó buscaram restaurar a honra da tribo, as marcas devem garantir que sua cultura interna esteja em harmonia com a imagem que projetam.

5. Ferramentas como **pesquisas de clima organizacional** e **estratégias de comunicação interna** podem ajudar a marca a avaliar se sua cultura está alinhada com a imagem externa e fazer os ajustes necessários para garantir a coerência.

"Marcas humanizadas são laços que viram Nós."

6. Marcas que conseguem alinhar sua cultura interna com sua imagem externa são vistas como autênticas e confiáveis. Esse equilíbrio cria um ambiente de trabalho mais saudável e uma experiência mais consistente para os consumidores, garantindo o sucesso a longo prazo.

É sempre bom saber!

Estratégias de comunicação interna são planos e ações voltadas para melhorar a troca de informações dentro de uma organização, promovendo transparência, engajamento e alinhamento entre colaboradores e líderes.

Gênesis 35: Renovação – Fortalecimento da Identidade de Marca

1. *E Deus renovou sua aliança com Jacó, fortalecendo sua posição como patriarca.* Assim como Jacó renovou sua aliança, as marcas precisam, de tempos em tempos, renovar sua identidade para se manterem fortes e relevantes em um mercado em constante mudança.

2. O fortalecimento da identidade de marca é um processo contínuo que envolve manter a essência da marca, ao mesmo tempo em que ela se adapta a novas tendências e expectativas. A **Coca-Cola**, por exemplo, ao renovar seu logotipo e design de embalagens ao longo dos anos, manteve sua identidade clássica, mas sempre de maneira moderna e atraente.

3. Marcas que se apegam demais ao passado correm o risco de perder relevância. A **Globo**, outrora líder incontestável em audiência na TV aberta, tem enfrentado dificuldades para se adaptar ao novo cenário digital e ao crescimento das plataformas de streaming. A resistência em ajustar seu modelo de negócios e sua identidade às novas demandas de consumo de conteúdo fez com que perdesse parte do seu público e influência. O fortalecimento da identidade de marca envolve manter a essência, mas abraçar a evolução para continuar relevante.

4. *"E Jacó foi renomeado Israel, um novo nome para um novo futuro."* A renovação da identidade de uma marca não significa abandonar suas raízes, mas sim adaptá-las ao contexto atual. **Gucci**, por exemplo, passou por um processo de renovação que modernizou a marca sem perder sua herança de luxo e sofisticação.

5. Ferramentas como **auditorias de marca** e **pesquisas de percepção do consumidor** podem ajudar a identificar como a marca é vista pelo público e quais ajustes são necessários para garantir que ela permaneça forte e relevante.

"Beleza sem propósito é apenas distração."

6. Renovar a identidade de uma marca é um passo necessário para garantir que ela continue relevante e competitiva. O equilíbrio entre manter a essência e abraçar a inovação é o que permite que as marcas prosperem em um mercado em constante evolução.

É sempre bom saber!

Pesquisas de percepção do consumidor são estudos que visam entender como o público enxerga uma marca, produto ou serviço. Elas avaliam aspectos como satisfação, confiança, imagem, preferências e sentimentos associados à marca. Essas pesquisas são essenciais para identificar pontos fortes, áreas de melhoria e ajustar estratégias de marketing, permitindo que as empresas alinhem suas ofertas às expectativas e necessidades dos consumidores.

Gênesis 36: A Linhagem – A Jornada do Cliente como Diferencial

1. *E Esaú gerou filhos, e sua linhagem foi registrada.* Assim como as gerações de Esaú foram registradas para garantir sua continuidade, a jornada do cliente deve ser acompanhada de perto para garantir que cada interação reforce o relacionamento com a marca e crie uma experiência memorável.

2. A **jornada do cliente** é o conjunto de interações que o consumidor tem com a marca, desde o primeiro contato até o pós-venda. Marcas que investem na experiência do cliente conseguem criar diferenciais competitivos que fortalecem sua relação com o público.

3. Negligenciar a jornada do cliente pode custar caro e te fazer perder oportunidades de engajamento e fidelização. Um exemplo é a **Mesbla**, que, durante décadas, foi uma referência no varejo brasileiro, mas enfrentou grandes dificuldades ao não conseguir modernizar sua operação e acompanhar as mudanças de comportamento do consumidor. Enquanto concorrentes como Magazine Luiza e Casas Bahia surgiam e investiam em inovação e em uma experiência de compra mais prática e digital, a Mesbla manteve um modelo tradicional de atendimento. A falta de adaptação à nova realidade do mercado, junto com problemas administrativos e financeiros, levou a empresa à falência em 1999, marcando o fim de uma era no varejo brasileiro.

4. *"E a linhagem de Esaú foi estabelecida e mantida por gerações."* Por outro lado, as marcas que acompanham de perto a jornada do cliente, criando experiências personalizadas e consistentes, garantem lealdade e engajamento ao longo do tempo. A **Magazine Luiza**, por exemplo, utiliza sua plataforma digital para personalizar a experiência do cliente, oferecendo recomendações com base nas compras anteriores e interações, além de um atendimento humanizado que fortalece a conexão com seus consumidores.

5. Ferramentas como **análise de dados do cliente** e **mapas de jornada** ajudam a identificar os momentos críticos da jornada e a ajustar a experiência para garantir a satisfação e a fidelização.

"Fidelize a cada passo da jornada."

6. Acompanhar a jornada do cliente de perto e ajustar a experiência em cada etapa é o que diferencia uma marca que conquista lealdade daquela que perde relevância. Marcas que investem na experiência do cliente criam laços duradouros e se destacam da concorrência.

Gênesis 37: Base Forte – A Cultura Organizacional da Marca

1. *E José, sendo ainda jovem, recebeu um sonho que o colocaria como líder entre seus irmãos.* Uma marca de sucesso não se constrói apenas externamente. A cultura organizacional é a base sobre a qual a marca se apoia, e ela deve ser forte, coesa e inspiradora para garantir que a visão e os valores da empresa sejam cumpridos.

2. A cultura organizacional define como os colaboradores interagem, se comportam e realizam seu trabalho, e tem um impacto direto na forma como a marca é percebida pelo público. O **Google** investe fortemente em criar uma cultura que estimula a inovação, o que reflete na maneira como a empresa é vista como um líder global em tecnologia.

3. No entanto, uma cultura organizacional mal gerida pode prejudicar a imagem externa da marca. A **Uber**, ao enfrentar acusações de má conduta e uma cultura de trabalho tóxica, viu sua reputação abalada, apesar de seu sucesso inicial como uma empresa disruptiva no setor de transportes.

4. *"E os irmãos de José não entenderam seu sonho, mas ele manteve sua visão clara."* A cultura organizacional forte deve ser orientada por valores claros e compartilhados por todos os colaboradores.

5. Ferramentas como **pesquisas de clima organizacional** e **estratégias de engajamento interno** são essenciais para avaliar e fortalecer a cultura da marca, garantindo que ela esteja alinhada com a visão e os valores da empresa.

"A cultura de uma marca a sustenta em tempos de crise e a impulsiona em tempos de sucesso."

6. A cultura organizacional forte é o alicerce de uma marca de sucesso. Ela define não apenas como os colaboradores trabalham, mas também como a marca é percebida pelo público e pelos consumidores, criando um diferencial competitivo.

É sempre bom saber!

Estratégias de Engajamento Interno: São abordagens e práticas implementadas pelas empresas para aumentar a motivação, satisfação e comprometimento dos colaboradores com a organização. Essas estratégias podem incluir comunicação eficaz, reconhecimento de desempenho, oportunidades de desenvolvimento profissional, e criação de um ambiente de trabalho positivo, visando fortalecer a cultura organizacional e melhorar a produtividade.

Gênesis 38: Prosperidade – A Inovação como Motor do Crescimento

1. *E Tamar usou sua criatividade para garantir sua linhagem, surpreendendo Judá.* A criatividade é o combustível que impulsiona a inovação. Marcas que colocam a inovação no centro de sua estratégia garantem não apenas seu crescimento, mas também sua relevância em um mercado competitivo.

2. A inovação é o que permite que as marcas evoluam e criem novas oportunidades de crescimento. A **NVidia**, por exemplo, não se contentou em seguir os padrões da indústria de tecnologia, destacando-se por sua abordagem inovadora no desenvolvimento de processadores gráficos e soluções de inteligência artificial que desafiam o status quo.

3. Ao contrário disso, marcas que falham em inovar correm o risco de se tornarem obsoletas. A **IBM**, que uma vez liderou o mercado de computação, não conseguiu acompanhar as rápidas mudanças no setor de computação em nuvem e inteligência artificial, o que resultou em sua perda de relevância.

4. *"E Tamar encontrou uma solução inesperada para garantir seu futuro."* Marcas que abraçam a criatividade como parte de sua cultura interna conseguem encontrar soluções inovadoras para os desafios que enfrentam. **Lego**, por exemplo, transformou sua linha de brinquedos em uma plataforma de co-criação, permitindo que os consumidores participassem do desenvolvimento de novos produtos.

5. Ferramentas como **design thinking** e **inovação aberta** permitem que as marcas explorem novas ideias e enfoques criativos para resolver problemas e identificar oportunidades de crescimento.

"Marcas que inovam não apenas sobrevivem, definem o futuro."

6. A criatividade é o diferencial que separa as marcas que lideram daquelas que seguem. Ao incentivar a inovação como parte de sua cultura organizacional, as marcas garantem que estão sempre um passo à frente, moldando o futuro de seus setores.

É sempre bom saber!

Inovação Aberta: É um modelo que incentiva as empresas a utilizar ideias, tecnologias e conhecimentos de fontes externas, como parceiros, clientes e startups, para impulsionar a inovação. Em vez de depender apenas de suas equipes internas, as organizações colaboram com uma rede mais ampla para desenvolver novos produtos, serviços e soluções, promovendo a agilidade e a criatividade no processo de inovação.

Gênesis 39: Ascensão – Soluções Práticas que Geram Valor

1. *E o Senhor estava com José, e tudo o que ele fazia prosperava, mesmo na casa de Potifar.* No branding, o foco em soluções é o que leva a marca ao sucesso. Marcas que entregam soluções reais para os problemas de seus consumidores não apenas criam valor, mas também conquistam lealdade e admiração.

2. A solução de problemas é o que transforma uma marca em algo relevante. O **Google**, ao criar uma ferramenta de busca simples e eficiente, resolveu uma necessidade fundamental dos usuários e se tornou uma das maiores empresas de tecnologia do mundo.

3. Se sua empresa perder de vista as necessidades dos consumidores, se prepare para o fracasso! Quem não se lembra do **Cadê**, o famoso portal de busca que foi um dos pioneiros na internet brasileira? Lançado em 1995, o **Cadê** rapidamente se tornou uma referência na busca de informações online, oferecendo um diretório de sites e serviços. No entanto, à medida que a internet evoluiu, o **Cadê** não conseguiu se adaptar às novas demandas e ao avanço de concorrentes como **Google** e **Yahoo!**. A falta de inovação em sua plataforma, além da dificuldade em entender as necessidades dos usuários em um ambiente digital em constante mudança, levou à sua queda em popularidade. O **Cadê** ilustra como a complacência e a resistência a mudanças podem resultar em perda de relevância em um mercado competitivo.

4. *"E José foi colocado como administrador da casa de Potifar, pois tudo o que ele tocava prosperava."* Assim como José encontrou sucesso ao focar nas soluções e entregar resultados, as marcas precisam estar atentas às necessidades de seus consumidores e oferecer soluções tangíveis. O **Mercado Livre**, por exemplo, se tornou um verdadeiro marketplace da inclusão, transformando a forma como pequenos empreendedores se conectam com clientes em todo o Brasil. Ao criar uma vitrine digital que abre portas para aqueles que não conseguiriam competir em uma loja física, o **Mercado Livre** proporciona uma oportunidade de crescimento e visibilidade, permitindo que até os menores vendedores mostrem suas ofertas em um cenário vasto e dinâmico. Com ferramentas que simplificam a venda e garantem uma experiência de compra segura e conveniente, a plataforma tem o poder de transformar sonhos em realidade para quem busca uma nova forma de empreender.

5. Ferramentas como **pesquisas de mercado** e **análise de dados** ajudam a identificar as principais necessidades do público e a criar soluções que realmente fazem a diferença.

"O sucesso de uma marca está em sua capacidade de suprir necessidades de forma eficaz."

6. Marcas que mantêm o foco em oferecer soluções que agregam valor não apenas conquistam o mercado, mas também garantem sua longevidade. O verdadeiro valor está em resolver os problemas que mais importam para os consumidores.

Gênesis 40: Ação e Reação – Agilidade e Resposta Rápida no Branding

1. *E José interpretou os sonhos do copeiro e do padeiro, reagindo rapidamente às suas necessidades.* No mundo das marcas, a agilidade é essencial. Marcas que conseguem reagir rapidamente às mudanças do mercado e às necessidades dos consumidores se destacam e garantem seu lugar no futuro.

2. A agilidade no branding é a capacidade de ajustar a estratégia rapidamente com base em novos insights e mudanças no comportamento do consumidor. Durante o apagão no **Super Bowl** de 2013, a **Oreo** rapidamente aproveitou a situação com a famosa frase "Você ainda pode mergulhar no escuro", publicando uma imagem no Twitter que se tornou viral. Empresas que não reagiram a tempo perderam a chance de se engajar com os consumidores em um momento de alta visibilidade.

3. *"E José rapidamente interpretou os sonhos, reagindo com precisão e clareza."* A agilidade é a diferença entre marcas que prosperam e aquelas que estagnam. No mundo da publicidade, a campanha **Dove Real Beauty** se destacou pela autenticidade, enquanto outras marcas, que continuaram a usar padrões de beleza tradicionais, perderam relevância ao ignorar as mudanças nas expectativas dos consumidores. Esses exemplos ilustram como a falta de agilidade e adaptação pode custar caro em um mercado em constante evolução.

4. Ferramentas como **metodologias ágeis** e **ciclos curtos de feedback** permitem que as marcas ajustem suas estratégias em tempo real, garantindo que possam reagir rapidamente às mudanças do mercado.

"Responda mais do que rápido. Antecipe o inesperado."

5. Marcas que conseguem reagir rapidamente às mudanças e adaptar suas estratégias estão preparadas para prosperar em um mercado volátil e imprevisível. A velocidade de resposta é o que garante que a marca se mantenha relevante.

É sempre bom saber!

Metodologias Ágeis: Refere-se a um conjunto de práticas e princípios de gerenciamento de projetos que enfatizam a flexibilidade, a colaboração e a entrega incremental de produtos. As metodologias ágeis, como Scrum e Kanban, permitem que equipes se adaptem rapidamente a mudanças e priorizem a satisfação do cliente, promovendo um ambiente de trabalho colaborativo e eficiente.

Ciclos Curtos de Feedback: São períodos de tempo reduzidos em que equipes coletam, analisam e implementam comentários e sugestões de stakeholders ou usuários finais sobre um produto ou serviço. Esses ciclos permitem ajustes rápidos e contínuos, garantindo que o desenvolvimento esteja alinhado com as expectativas e necessidades do usuário, melhorando a qualidade do produto final e acelerando o processo de inovação.

Gênesis 41: Planos – Estratégia de Marca a Longo Prazo

1. *E José interpretou o sonho do Faraó e previu sete anos de fartura e sete anos de fome, criando um plano de longo prazo para salvar o Egito.* A estratégia de marca é como o plano de José: deve ser cuidadosamente pensada para garantir o sucesso a longo prazo, mesmo em tempos difíceis.

2. O **planejamento estratégico de marca** é essencial para garantir a sobrevivência e o crescimento a longo prazo. Marcas que planejam suas ações com antecedência conseguem se preparar para as mudanças no mercado e se destacar dos concorrentes.

3. Marcas que não têm um plano de longo prazo acabam se tornando reativas e vulneráveis. A febre das **paletas mexicanas** parecia promissora, mas, à medida que surgiam mais concorrentes, muitos se perguntavam: "Será que tantas lojas vendendo um picolé mais caro conseguiriam se sustentar?" A resposta veio rapidamente: sem um planejamento estratégico e uma proposta de valor clara, essas lojas não conseguiram se estabelecer e, em pouco tempo, muitas fecharam, reduzindo-se a venda em freezers em supermercados e lojas de conveniência, perdendo a chance de se tornarem marcas duradoura no mercado de sobremesas.

4. *"E José disse ao Faraó: 'Prepare-se agora, para os tempos de escassez que virão.'"* Planejar a longo prazo envolve pensar além das tendências atuais e preparar a marca para o futuro.

5. Ferramentas como **análise SWOT** e **previsões de mercado** ajudam a identificar oportunidades e ameaças futuras, permitindo que a marca se prepare de forma estratégica e focada no longo prazo.

"O futuro de uma marca é reflexo do que ela faz no presente."

6. Marcas que planejam estrategicamente garantem que estarão prontas para enfrentar desafios e aproveitar oportunidades futuras. O planejamento é a chave para garantir a longevidade da marca.

É sempre bom saber!

Planejamento Estratégico de Marca: É o processo de definição das direções e objetivos de uma marca, levando em consideração sua identidade, posicionamento no mercado, público-alvo e proposta de valor. Envolve a elaboração de estratégias de comunicação, marketing e desenvolvimento de produtos que alinhem a marca com suas metas a longo prazo, garantindo uma presença consistente e relevante.

Previsões de Mercado: Refere-se à análise de tendências, comportamentos e condições do mercado que podem impactar a marca no futuro. Dentro do contexto de estratégia de marca, as previsões de mercado ajudam as empresas a identificar oportunidades, ameaças e mudanças nas preferências dos consumidores, permitindo uma adaptação proativa das estratégias de branding e marketing para se manterem competitivas e relevantes.

Gênesis 42: Provações – Liderança e Gestão de Equipes

1. *E os irmãos de José desceram ao Egito em busca de comida, mas José os colocou à prova para testar sua sinceridade.* No mundo corporativo, a liderança e a gestão de equipes são constantemente testadas. A maneira como uma marca lida com esses testes pode definir seu sucesso ou fracasso.

2. A liderança eficaz e a gestão de equipes são cruciais para garantir que a marca continue funcionando de forma coesa, especialmente em tempos de crise. Empresas como a **Microsoft**, sob a liderança de Satya Nadella, passaram por grandes transformações, gerando um ambiente colaborativo e inovador que impulsionou o crescimento da empresa.

3. No entanto, marcas que falham em liderar suas equipes adequadamente enfrentam conflitos internos que afetam o desempenho externo. A **WeWork**, sob a liderança de Adam Neumann, exemplifica como uma liderança desorganizada pode resultar em caos e colapso, prejudicando a imagem da marca e sua operação.

4. *"E José testou seus irmãos, garantindo que eles estavam prontos para a reconciliação."* A liderança eficaz exige transparência, empatia e uma visão clara do futuro. Empresas que focam sua liderança em inovação e bem-estar dos funcionários, conseguem criar uma cultura forte que impulsiona a criatividade e a colaboração.

5. Ferramentas como **coaching de liderança** e **avaliações de desempenho** podem ajudar a identificar pontos fracos e a fortalecer a gestão de equipes, garantindo que a marca funcione de maneira harmoniosa e eficiente.

"Liderança não é apenas sobre comandar, mas sobre inspirar e guiar a equipe em tempos difíceis."

6. Marcas que investem em liderança eficaz e gestão de equipes garantem que sua operação interna seja forte e coesa, o que reflete diretamente em seu sucesso no mercado.

É sempre bom saber!

Avaliações de Desempenho: São processos sistemáticos usados por organizações para avaliar o desempenho de seus colaboradores em relação a metas e expectativas estabelecidas. Essas avaliações geralmente incluem feedback sobre competências, habilidades, e contribuições individuais, permitindo identificar áreas de melhoria, reconhecer desempenhos excepcionais e orientar o desenvolvimento profissional. O objetivo é alinhar os colaboradores com os objetivos da empresa, promover a comunicação e aprimorar a eficácia organizacional.

Gênesis 43: A Segunda Chance – Flexibilidade em Tempos de Mudança

1. *E Jacó enviou seus filhos novamente ao Egito, desta vez com Benjamin, buscando uma segunda chance de reconciliação.* No branding, a flexibilidade é o que permite que as marcas aproveitem segundas chances e se adaptem em tempos de mudança, garantindo sua sobrevivência e crescimento.

2. A flexibilidade é uma característica essencial para as marcas que desejam se adaptar rapidamente a novos cenários e aproveitar oportunidades.

3. Empresas que resistem à mudança e são inflexíveis perdem oportunidades de crescimento. Pense nas **livrarias**: tenho certeza de que você não comprou esse livro em uma loja física recentemente. A maioria das pessoas hoje em dia recorre à internet em busca de preços melhores e conveniência. Muitas livrarias não conseguiram acompanhar o movimento dos grandes e-commerces nem inovar em suas lojas físicas, resultando em fechamentos em massa. Essa falta de adaptação e inovação as impediu de se reinventar no mercado, enquanto plataformas online prosperaram, moldando a forma como lemos e compramos.

4. *"E os filhos de Jacó retornaram, prontos para uma segunda chance."* A flexibilidade envolve a capacidade de ajustar rapidamente a estratégia para lidar com mudanças repentinas. **Lego**, ao quase falir no início dos anos 2000, se reinventou ao diversificar suas linhas de produtos e investir em licenças de filmes, o que revitalizou a marca.

5. Ferramentas como **planejamento de cenários** e **gestão de mudanças** podem ajudar as marcas a desenvolver a flexibilidade necessária para ajustar sua estratégia e aproveitar as oportunidades em tempos de incerteza.

"A flexibilidade permite que as marcas aproveitem suas segundas chances e se adaptem para o futuro."

6. Marcas que se mantêm flexíveis e prontas para ajustar sua estratégia conseguem sobreviver em tempos difíceis e aproveitar novas oportunidades quando elas surgem.

É sempre bom saber!

Planejamento de Cenários: É uma técnica de gestão que envolve a criação de diferentes visões de futuro para antecipar possíveis impactos em uma organização. Ao considerar variáveis e incertezas, a empresa pode se preparar melhor, ajustando suas estratégias para lidar com diversas realidades e tomar decisões mais informadas.

Gestão de Mudanças: Envolve o planejamento e execução de alterações dentro da organização, focando na comunicação, suporte e treinamento para minimizar a resistência e garantir que os colaboradores aceitem a mudança, facilitando uma transição suave e o alcance dos objetivos.

Gênesis 44: Lealdade – Consistência para construir Confiança

1. *E José colocou seus irmãos à prova, testando sua lealdade e honestidade.* A lealdade dos consumidores é conquistada com base na consistência. Marcas que se mantêm fiéis ao que prometem constroem confiança, que é o alicerce de uma relação duradoura com o público.

2. A consistência é a chave para construir e manter a confiança dos consumidores. Marcas que mantém sua fórmula e qualidade ao longo dos anos, criam uma sensação de familiaridade e segurança para os consumidores, o que fortalece a lealdade à relação.

3. O escândalo **Dieselgate** da **Volkswagen**, citado anteriormente, abalou profundamente a confiança que os consumidores tinham na marca, resultando em uma perda significativa de credibilidade.

4. *"E José manteve seus testes, certificando-se da honestidade de seus irmãos."* A consistência é um teste constante, e as marcas que conseguem entregar o que prometem repetidamente conquistam a lealdade de seus consumidores. A **Toyota**, com seu comprometimento inabalável com qualidade e durabilidade, consegue criar um vínculo forte com um público fiel que se torna defensor da marca, destacando-se em um mercado competitivo ao oferecer veículos confiáveis e de alto desempenho ao longo dos anos.

5. Ferramentas como **auditorias de marca** e **monitoramento de qualidade** ajudam a garantir que a marca mantenha a consistência em todas as suas interações com os consumidores, garantindo a confiança e a lealdade.

"A consistência é o fundamento sobre o qual se constrói a lealdade do cliente."

6. Marcas que mantêm consistência em suas promessas e entregas constroem uma base sólida de confiança com os consumidores, garantindo a lealdade ao longo do tempo.

É sempre bom saber!

Monitoramento de Qualidade: É o processo contínuo de avaliar e verificar a qualidade de produtos, serviços ou processos dentro de uma organização. Esse monitoramento envolve a coleta de dados e feedback, a realização de testes e inspeções, e a análise de resultados para assegurar que os padrões de qualidade sejam mantidos. O objetivo é identificar áreas de melhoria, garantir a satisfação do cliente e assegurar a conformidade com as normas e regulamentos aplicáveis.

Gênesis 45: Pertencimento – Criação de Comunidade em Torno da Marca

1. *E José revelou sua identidade a seus irmãos, reunindo sua família e restaurando o laço de pertencimento.* No branding, criar uma comunidade em torno da marca é o que fortalece o senso de pertencimento entre os consumidores, transformando-os em defensores leais.

2. A criação de uma comunidade em torno da marca é uma das estratégias mais poderosas para gerar lealdade. A **Harley-Davidson**, por exemplo, não vende apenas motocicletas, mas uma cultura e um estilo de vida. A comunidade de motociclistas que a marca construiu é extremamente leal e faz parte de sua identidade.

3. Marcas que falham em criar um senso de pertencimento frequentemente se veem lutando para manter a lealdade dos consumidores. O **Orkut**, não conseguiu cultivar uma comunidade coesa e engajada com sua colheita feliz, o que levou à sua queda diante de plataformas como o **Facebook**, que souberam criar conexões mais significativas entre os usuários.

4. *"E José trouxe seus irmãos para perto, restaurando a unidade da família."* Marcas que conseguem criar um senso de pertencimento em torno de sua identidade e valores transformam seus consumidores em embaixadores. **Nike**, com seu foco em atletas de todos os níveis, construiu uma comunidade global de pessoas que compartilham da paixão pelo esporte e pela superação.

5. Ferramentas como **marketing de comunidade** e **plataformas de interação com o cliente** ajudam a fortalecer a relação entre a marca e seus consumidores, criando um ambiente onde eles se sentem parte de algo maior.

"Marcas que criam comunidade criam laços que duram para sempre."

6. O senso de pertencimento é o que transforma consumidores em defensores leais. Marcas que investem na criação de uma comunidade forte garantem lealdade, engajamento e uma relação duradoura com seu público.

É sempre bom saber!

Marketing de Comunidade: É uma estratégia que envolve a criação e o gerenciamento de uma comunidade em torno de uma marca ou produto. O foco é fomentar interações significativas entre os consumidores, promovendo engajamento, lealdade e defesa da marca. Isso pode incluir fóruns, redes sociais e eventos, onde os membros podem compartilhar experiências, opiniões e suporte mútuo.

Plataformas de Interação com o Cliente: São ferramentas ou sistemas que permitem que marcas se comuniquem e interajam diretamente com seus consumidores. Essas plataformas podem incluir redes sociais, aplicativos, chatbots e e-mails, proporcionando canais para feedback, suporte ao cliente e discussões. O objetivo é facilitar a comunicação bidirecional, aumentar o envolvimento e melhorar a experiência do cliente.

Gênesis 46: A Grande Jornada – Sinergia que expande Horizontes

1. *E Jacó foi ao encontro de José no Egito, iniciando uma nova jornada para sua família.* Marcas que buscam expandir seus horizontes devem explorar a sinergia entre parcerias estratégicas e novas oportunidades, criando conexões que ampliam seu alcance e sua relevância.

2. A sinergia entre marcas é o que permite que novas oportunidades surjam e que o alcance seja ampliado. **Red Bull** e **GoPro**, por exemplo, criaram uma parceria simbiótica que aumentou a visibilidade de ambas as marcas, associando-se à adrenalina e aos esportes radicais.

3. Quem falha em criar sinergias perde oportunidades valiosas de crescimento. Lembre-se da **Arapuã**, que prometia estar sempre "ligadona em você". No entanto, enquanto o varejo se transformava com a ascensão do e-commerce e o surgimento de grandes redes que inovaram suas operações, a **Arapuã** ficou para trás. Sem conseguir formar parcerias estratégicas e sem se adaptar às novas dinâmicas do mercado, enfrentou desafios financeiros que levaram ao fechamento de suas lojas. O legado da **Arapuã** nos ensina que, para estar realmente ligada com o consumidor, é preciso não apenas se adaptar, mas também inovar e se reinventar constantemente em um ambiente varejista em rápida evolução.

4. *"E Jacó foi levado ao Egito, onde sua família prosperaria com a ajuda de José."* As marcas que buscam expandir seus horizontes devem criar sinergias que tragam benefícios mútuos. **Spotify** e **Uber**, ao permitir que os usuários ouçam suas playlists favoritas durante as viagens, criaram uma experiência integrada que beneficia ambas as marcas.

5. Ferramentas como **joint ventures** e **colaborações de marca** são fundamentais para garantir que as parcerias sejam produtivas e ampliem o alcance da marca.

"Aprenda a observar seu cliente através de novos olhares."

6. As sinergias bem-sucedidas permitem que as marcas cresçam, expandam sua influência e criem novas oportunidades de sucesso. Trabalhar em conjunto é a chave para desbloquear novos horizontes.

É sempre bom saber!

Joint Ventures: São parcerias estratégicas em que duas ou mais empresas se unem para criar uma nova entidade, compartilhando recursos, riscos e lucros. Cada parte contribui com suas competências e conhecimentos, buscando um objetivo comum, como o desenvolvimento de um novo produto ou a entrada em um novo mercado. As joint ventures permitem que as empresas aproveitem sinergias e ampliem suas capacidades.

Colaborações de Marca: Refere-se a parcerias entre marcas distintas que se juntam para desenvolver produtos ou campanhas conjuntas, aproveitando as forças e públicos de cada uma. Essas colaborações podem gerar inovações, aumentar a visibilidade e criar experiências únicas para os consumidores. O objetivo é unir forças para alcançar um impacto maior no mercado e fortalecer o posicionamento de ambas as marcas.

Gênesis 47: Sustentação – Resiliência e Adaptabilidade

1. *E José sustentou o Egito durante os anos de fome, mostrando resiliência diante da adversidade.* A resiliência e a adaptabilidade são características fundamentais para que as marcas atravessem tempos difíceis e se mantenham fortes e relevantes.

2. A resiliência permite que as marcas enfrentem crises sem perder sua identidade. A **Unilever**, por exemplo, enfrentou desafios econômicos durante a pandemia, mas sua marca permaneceu forte devido à adaptabilidade e ao compromisso com a saúde e bem-estar, ampliando sua linha de produtos de higiene e cuidados.

3. O **Mappin**, uma icônica loja de departamentos, não conseguiu se reinventar em um ambiente em rápida transformação e, com a concorrência de grandes redes e o avanço do e-commerce, resultou em seu fechamento definitivo.

4. *"E José, com sabedoria, sustentou o Egito durante os anos de escassez."* As marcas que prosperam são aquelas que conseguem se adaptar rapidamente às mudanças e continuar oferecendo valor aos consumidores. O **Zoom**, por exemplo, cresceu exponencialmente durante a pandemia, transformando-se na ferramenta de videoconferência preferida, ao expandir suas funcionalidades para atender à crescente demanda por comunicação virtual.

5. Ferramentas como **gestão de crises** e **previsão de cenários** ajudam as marcas a se preparar para momentos difíceis e a se adaptar de forma eficaz às novas realidades do mercado.

"A resiliência permite que as marcas superem qualquer crise."

6. Marcas que se mantêm resilientes e adaptáveis conseguem atravessar crises e sair mais fortes do outro lado. A capacidade de se adaptar é o que garante a longevidade em um mercado volátil.

É sempre bom saber!

Previsão de Cenários: É uma técnica de planejamento estratégico que envolve a criação de diferentes cenários futuros possíveis, considerando variáveis e incertezas que podem impactar uma organização. O objetivo é explorar como diferentes fatores, como mudanças econômicas, sociais ou tecnológicas, podem influenciar o ambiente de negócios. Isso ajuda as empresas a se prepararem melhor para o futuro, identificando riscos e oportunidades, e a desenvolver estratégias adaptativas para enfrentar as diversas possibilidades que podem surgir.

Gênesis 48: Bênçãos – Crescimento e Inovação

1. *E Jacó abençoou os filhos de José, assegurando a prosperidade da próxima geração.* A inovação é a bênção que permite que as marcas cresçam e prosperem. Marcas que investem em inovação garantem sua relevância e sucesso no futuro.

2. O crescimento através da inovação é o que mantém as marcas à frente de seus concorrentes. A **OpenAI**, ao desenvolver tecnologias avançadas em inteligência artificial, como o **ChatGPT**, **DALL-E** e **Codex**, rapidamente se destacou no mercado, desafiando grandes marcas como **Adobe** e **Google**. Com sua capacidade de transformar a maneira como interagimos com a tecnologia—desde geração de texto e criação de imagens até a programação—, a **OpenAI** continua a expandir seu alcance e a revolucionar setores que vão desde o design até a educação, mostrando que a inovação é fundamental para se manter relevante em um cenário competitivo.

3. Marcas que não inovam acabam estagnando e, frequentemente, se tornam reféns do tradicionalismo. Empresas que mantêm estruturas físicas desnecessárias, quadros de funcionários rígidos e uma aversão à mudança podem rapidamente se ver ultrapassadas por concorrentes mais ágeis e adaptáveis. A falta de flexibilidade impede que aproveitem novas tecnologias e modelos de negócios, incluindo a gestão de processos por meio de inteligência artificial, que pode otimizar operações e melhorar a eficiência. Assim, essas marcas correm o risco de se tornarem obsoletas e desaparecerem do cenário competitivo, perdendo a oportunidade de se reinventarem e se manterem relevantes.

4. *"E Jacó abençoou os filhos de José, garantindo seu futuro próspero."* A inovação é o motor do crescimento de uma marca. O **Google**, ao se adaptar a um mercado repleto de inteligência artificial, continua a redefinir o futuro do mundo digital com ferramentas como o **Google Assistant**, **Bard** e o novo modelo **Gemini**, que integra múltiplas capacidades de IA para oferecer soluções ainda mais sofisticadas. Essa aposta contínua em novas tecnologias demonstra como a inovação é essencial para sustentar o crescimento e a relevância da marca em um cenário em constante evolução.

5. Enquanto ferramentas como **design thinking** ajudam a identificar oportunidades de inovação que impulsionam o crescimento, a utilização e adaptação da marca em relação a **tecnologias de inteligência artificial**, como chatbots, análise preditiva e personalização de experiências, garantem que a marca se mantenha viva e relevante no mercado. Ao abraçar essas ferramentas, as empresas não apenas se modernizam, mas também conseguem atender melhor às necessidades dos consumidores, fortalecendo sua posição competitiva.

"A tecnologia evolui, mas o sucesso vem da inteligência natural de quem a usa."

6. Marcas que investem constantemente em inovação garantem seu crescimento contínuo e seu lugar no futuro. A inovação é a chave para permanecer à frente da concorrência e prosperar em um mercado em constante mudança.

É sempre bom saber!

Tecnologias de inteligência artificial referem-se a sistemas que simulam a inteligência humana para executar tarefas como análise de dados, reconhecimento de padrões e automação de processos. Exemplos de tecnologias que estão ajudando as empresas incluem:

1. **Machine Learning**: Algoritmos que permitem que sistemas aprendam e se aprimorem com base em dados, como o Google Cloud AI.
2. **Chatbots**: Ferramentas como o ChatGPT e o IBM Watson que oferecem suporte ao cliente e automatizam interações.
3. **Análise Preditiva**: Soluções como o Salesforce Einstein que ajudam as empresas a prever tendências e comportamentos do consumidor.
4. **Processamento de Linguagem Natural (NLP)**: Tecnologias que facilitam a interação entre humanos e máquinas, como a Amazon Comprehend, que interpreta e analisa texto.

Essas ferramentas permitem que as empresas melhorem a eficiência, personalizem experiências e tomem decisões baseadas em dados, fortalecendo sua posição no mercado.

Gênesis 49: Edificação – A Arquitetura da Marca

1. *E Jacó abençoou seus filhos, cada um com uma função dentro da tribo, assegurando a sinergia e a força do grupo.* A arquitetura da marca é como a estrutura de uma família: cada parte desempenha um papel importante no sucesso geral. Construir uma marca forte exige uma base sólida e uma sinergia entre todas as suas partes.

2. A arquitetura de marca envolve a organização e a relação entre a marca principal e suas submarcas. **Unilever**, com seu portfólio diversificado de marcas, consegue manter uma sinergia entre seus produtos, garantindo que cada um deles contribua para o sucesso geral da empresa.

3. A falta de coerência na estrutura da arquitetura resulta em confusão no mercado. A **Gap**, ao não definir claramente o papel de suas submarcas como **Old Navy** e **Banana Republic**, enfrentou dificuldades para manter a coerência de sua identidade no mercado.

4. *"E Jacó abençoou seus filhos, cada um com uma função que fortaleceria a tribo."* A arquitetura de marca forte garante que cada parte do portfólio esteja alinhada com a visão e os valores da marca principal. **Procter & Gamble (P&G)** , com sua estratégia clara de arquitetura de marcas, garante que cada submarca, como **Tide**, **Gillette** e **Pampers**, tenha um papel específico no portfólio, contribuindo para o sucesso geral.

5. Ferramentas como **análise de portfólio** e **Brand Management** ajudam a identificar como cada marca dentro do portfólio pode contribuir para o sucesso geral, garantindo sinergia e coerência.

"Uma marca sólida constrói legados através de suas bases."

6. A arquitetura de marca bem planejada garante que cada parte do portfólio esteja alinhada e contribua para o sucesso geral. A sinergia entre as marcas fortalece o todo e garante que a marca principal se mantenha forte e relevante.

É sempre bom saber!

Análise de Portfólio: É uma técnica de gestão estratégica que envolve a avaliação e revisão de todos os produtos, serviços ou unidades de negócios de uma empresa dentro do contexto de arquitetura de marca. O objetivo é entender a performance de cada elemento em relação a critérios como lucratividade, crescimento e risco, ajudando a identificar quais produtos ou marcas devem ser priorizados, descontinuados ou reestruturados. A análise de portfólio é crucial para garantir que a arquitetura de marca esteja alinhada com a estratégia geral da empresa, otimizando a alocação de recursos e fortalecendo a identidade da marca. Ferramentas comuns na análise de portfólio incluem a Matriz BCG e a Matriz de Ansoff, que auxiliam na tomada de decisões sobre as melhores abordagens de marketing e posicionamento de marca.

Gênesis 50: Sucesso – "Branding como Ferramenta Estratégica"

1. *E José disse a seus irmãos: "Vocês planejaram o mal contra mim, mas Deus transformou isso em bem, para que muitas vidas fossem salvas."* O branding, quando utilizado estrategicamente, transforma adversidades em oportunidades. Marcas que compreendem o poder do branding como uma ferramenta estratégica conseguem não apenas sobreviver, mas também prosperar e criar um legado duradouro.

2. O branding estratégico é o que diferencia marcas que sobrevivem daquelas que entram para a história. Confesso que **Walt Disney** foi minha primeira fonte de inspiração, desde os tempos do meu curso de Artes Plásticas... E lá se vão quase 40 anos, e ainda seria impossível falar de branding sem colocar a **Disney** no topo! Uma história que se confunde com os próprios contos de fadas que ela mesma criou, transformando a marca em um verdadeiro império de sonhos e imaginação. Desde os clássicos filmes animados que encantam gerações até os parques temáticos que oferecem experiências mágicas, a **Disney** sabe como cativar o público de maneiras inesquecíveis. Com produtos licenciados em diversos segmentos, como vestuário e alimentação, ela constrói um universo onde as emoções se entrelaçam, tornando-se um exemplo brilhante de branding estratégico que ressoa profundamente com seus fãs e cria laços duradouros.

3. Mas como toda boa história, nossos heróis passam por momentos difíceis, e em 2001, a **Disney** enfrentou uma crise financeira significativa devido à queda nas receitas de seus parques temáticos e à competição crescente no setor de entretenimento. No entanto, ao reforçar seu compromisso com a qualidade e a inovação, conseguiu não apenas superar a crise, mas também fortalecer sua posição no mercado, mostrando que um branding sólido pode ajudar a navegar em tempos desafiadores.

4. *"E José foi exaltado no Egito, sendo colocado em posição de autoridade por sua sabedoria e liderança."* A aquisição da **Pixar** em 2006 foi um movimento estratégico que revitalizou a **Disney**, trazendo um novo fôlego criativo e personagens icônicos que ressoaram com o público. Além disso, a aquisição dos direitos da **Marvel** e de **Star Wars** ampliou ainda mais seu portfólio, permitindo à **Disney** explorar narrativas interconectadas e experiências enriquecedoras. O lançamento do **Disney Plus** também foi um passo importante na adaptação ao mercado de streaming, reunindo todo o conteúdo da marca em uma plataforma que atende à demanda por entretenimento sob demanda. Essas parcerias e aquisições não apenas solidificaram a **Disney** como uma potência no entretenimento, mas também demonstraram a importância de se adaptar e inovar continuamente para permanecer relevante no mercado.

5. Ferramentas como **brand equity** e **brand management** ajudam as empresas a medir o valor de sua marca e a utilizá-la como uma ferramenta estratégica para crescer e se destacar no mercado.

6. O branding é mais do que estética; é uma ferramenta poderosa que, quando utilizada de forma estratégica, transforma marcas em ícones e garante sua relevância e sucesso a longo prazo.

É sempre bom saber!

Brand Equity: Refere-se ao valor que uma marca agrega a um produto ou serviço, resultante do reconhecimento, percepção e lealdade do consumidor. Esse valor pode se manifestar em várias formas, como a capacidade de cobrar preços mais altos, a preferência dos consumidores por uma marca específica e a facilidade em introduzir novos produtos sob a mesma marca. O brand equity é influenciado por fatores como qualidade percebida, associações de marca e a experiência do cliente, e é um ativo importante para as empresas, pois pode impactar diretamente seu desempenho no mercado.

***"Entre para a história!
O legado de uma marca é a prova
de que ela cumpriu seu propósito."***

Duânime - Marcas que Inspiram

A **Duânime** nasce da percepção conjunta entre duas almas, das experiências únicas da mulher e do homem, aplicando esse equilíbrio na gestão de marcas autênticas e inclusivas. Como o yin yang, unem-se emoção e razão, reconhecendo a importância das dualidades e experiências sociais na construção de marcas inspiradoras.

Com uma abordagem centrada no design thinking, a **Duânime** desenvolve estratégias personalizadas de branding (gestão de marcas) que integram pesquisa e planejamento, campanhas criativas e ativação de marcas. Oferecemos soluções completas que vão desde a criação de nomes e identidades multissensoriais até a produção de conteúdos digitais e físicos, além da gestão estratégica de mídias. Combinando inovação e análise de dados, **criamos conexões genuínas entre marcas e seus públicos, garantindo relevância e impacto duradouro.**

Que ser uma marca inspiradora? Entre em contato agora mesmo!

www.ingramcontent.com/pod-product-compliance
Lightning Source LLC
LaVergne TN
LVHW090938150826
845672LV00006B/1549

* 9 7 8 6 5 9 8 4 8 2 3 0 5 *